本书为北京市教育学会"十四五"教育科研课题 2021 年度一般课题研究成果

课题名称：《基于小学剪纸定格动画课程的开发与实践研究》

课题编号：DCYB2021—163

北京市教育学会"十四五"教育科研课题 2021 年度一般课题研究成果

课题名称：《基于小学生人文精神培养的美育课程实践研究》

课题编号：DCYB2021—168

和孩子一起玩动画

定格动画

教师指导用书

北京市东城区史家实验学校　编著

中国发展出版社

CHINA DEVELOPMENT PRESS

图书在版编目（CIP）数据

和孩子一起玩动画：定格动画教师指导用书/北京市东城区史家实验学校编著 . —北京：中国发展出版社，2022.8

ISBN 978 - 7 - 5177 - 1297 - 8

Ⅰ.①和… Ⅱ.①北… Ⅲ.①动画片—电影制作—小学—教学参考资料 Ⅳ.①G623.703

中国版本图书馆 CIP 数据核字（2022）第 092524 号

书　　　名：和孩子一起玩动画：定格动画教师指导用书
著作责任者：北京市东城区史家实验学校
责 任 编 辑：陈学英　龚　雪
出 版 发 行：中国发展出版社
联 系 地 址：北京经济技术开发区荣华中路 22 号亦城财富中心 1 号楼 8 层（100176）
标 准 书 号：ISBN 978 - 7 - 5177 - 1297 - 8
经　销　者：各地新华书店
印　刷　者：北京市密东印刷有限公司
开　　　本：710mm × 1000mm　1/16
印　　　张：7
字　　　数：110 千字
版　　　次：2022 年 8 月第 1 版
印　　　次：2022 年 8 月第 1 次印刷
定　　　价：32.00 元

联 系 电 话：(010) 68990642　68990692
购 书 热 线：(010) 68990682　68990686
网 络 订 购：http://zgfzcbs.tmall.com
网 购 电 话：(010) 68990639　88333349
本 社 网 址：http://www.develpress.com
电 子 邮 件：fazhanreader@163.com

本书编委会

主　编

洪　伟　金　强

副主编

赵丹阳　范汝梅　高李英　王燕红

编委 (按姓氏音序排列)

陈萌萌　韩春明　梁　琪　梁　潇　鲁志梅　徐雪颖　苑振兴
张倞然　张振华

参与本册编写教师 (按姓氏音序排列)

白　宇	蔡文菲	陈亚虹	陈正明	褚风华	崔　敏	崔韧楠
丁笑迎	董京红	冯金旭	高金芳	高明一	高雪艳	谷思艺
韩凯旋	郝晓倩	何　群	胡雅涵	金　琳	李　辉	李　雪
李超群	李东梅	李雪梅	梁　彤	刘　敏	刘　悦	刘洪洋
刘璐晨	刘宁宁	刘延光	罗　虹	马　骏	马淑芳	苗珊珊
牟风敏	穆　静	裴旭婷	祁　冰	沈宝刚	石子军	宋　敏
孙　鸿	孙彬彬	孙金艳	佟　磊	佟　爽	王　丹	王　凯
王大贵	王熙嵘	吴　斯	闫仕豪	杨　波	杨晓雅	叶　楠
殷　越	翟梓菲	张　璐	张　萌	张　冉	张　婉	张东海
张京利	张文芳	张秀娟	张正磊	赵晓霞	郑忠伟	周　婷
祖　楹	左升鹭					

目　录

第 **1** 篇

总 论

以定格动画特色课程促进学生多元发展[①]

一、问题的提出

（一）学校集团化改革后的重要任务

2014 年，北京市东城区史家实验学校在进一步促进教育公平、推动区域教育均衡，满足老百姓在家门口就能上好学校的愿望的教育资源整合与重组中加入史家教育集团。史家实验学校在继承中发展，形成"和谐 + 生态"办学理念，认同"给成长无限可能"的无边界课程理念。将形成怎样的教育助力给学生无限可能的成长呢？课程无疑是有效开展教育教学活动的主要载体。学校课程建设是必要的，也是紧迫的。定格动画特色课程成为学校规划建设的重点课程。

（二）学生成长发展的需求

"给成长无限可能"的无边界课程理念，认为学生是多元的，学校通过丰富、多元、立体、完整的课程积极拓展学生学习和实践的领域，发掘潜质、发展个性、发挥特长，让多元的学生得到多元的发展。面对社会的热切关注、家长对学校教育的期盼以及学生们应该享有的个性发展的选择需求，建设多元开放、凸显办学特色以及多层次、可选择的课程体系非常重要。而在学生有限的学习时空里，打造育人功能、课程内涵相对丰富的令学生喜爱的精品、特色课程同样重要。定格动画特色课程具备此种特征。

定格动画特色课程体系把立德树人作为教育的根本任务，坚持五育并举，立足于核心素养的全面提升，深入挖掘定格工艺和动画承载的民族精

---

① 本文作者：王燕红、徐雪颖。

神、丰富情感、文化血脉和思想精华，鼓励学生在活动中积极参与，从而促进学生全面而有个性的发展。

（三）定格动画的特色使然

定格动画（Stop-motion Animation）通常是指由木偶、黏土偶等其他混合材料制作的动画角色，通过运动拍摄的方法来演出的动画形式。其制作包括了故事创意、角色设计和制作、道具场景制作、后期合成等过程，是一种适合少儿参与的普及型艺术活动。首先，动画是绝大多数学生喜爱的形式，这种喜爱甚至达到痴迷的状态；其次，定格动画融道德与法治、美术、劳动技术、信息技术、音乐、综合实践、语文、数学、科学等多学科于一体；最后，其制作工艺需要运用艺术表现、多媒体操作、创意思维、同伴协作、表达交流等技能。

定格动画课程是以定格动画制作为学习内容的综合性实践课程，是集多学科教师、多学科课程、多学科知识、多学科技能、多学科素养于一体的课程；旨在让学生学会动脑、学会动手、学会合作、学会学习、学会创新、学会生活，促进学生理性思维、感性思维的协同发展，思维、情感、智慧、人格的全面提升。

二、解决问题的过程与方法

自 2014 年起，学校着力开发定格动画课程，课程的建设与实践历经 7年，大致分为以下三个阶段。

（一）从黏土情节到定格动画

黏土、彩泥是学前阶段幼儿主要的游戏活动之一，小学生承袭了这种爱好。学校基于学生的兴趣和特长，延续此技能的发展，并提升活动教育价值，丰富活动内容，发展为定格动画这一综合性更强的课程。

在国家一级导演、中央戏剧学院电影电视系研究室主任、中国木偶剧院艺术顾问石学海教授的指导下，成立以王燕红主任为领导、以美术教师和道德与法治、美术、劳动技术、信息技术、综合实践、音乐、语文、数学、科学教师等为主要成员的核心团队，着力培养专职的定格动画教师。团队成员系统学习定格动画技术，进行活动设计，组织学生开展活动。

（二）从课外活动到独立课程

伴随活动的不断深入，定格动画知识体系、技能系统逐渐完善，教育路径不断清晰。与此同时，学校课程建设日益加强，将其规划为特色课程重点研发对象。围绕课程建设，核心团队将活动进行课程化改造，完成课程纲要的编写，制定课程实施方案，并在实践经验的基础上编写了《教师手册》《学生学习手册》。定格动画被正式纳入学校特色课程并开始实施。

（三）从教会学生到学生会玩

在"给成长无限可能"的无边界课程理念下，如何使定格动画课程的育人价值真正转化到学生身上，使学生有丰富的获得感，实现多元发展是这一时期教师重点思考的问题。站在学生立场，以学生的视角进行课程设计，以学生的主动探究、独立创意、全面发展为教学原则，以项目协作方式，实现教师教技术到学生学会玩的目的。

在课程从目标、内容到实施、评价的不断完善中，其特色逐渐凸显出来。在学校整体课程体系规划完成后，定格动画也形成了横向学科融合，纵向基础、拓展和特色三层级的与学校"身心智趣"课程体系一致的，定位于"实践趣味课程"的学校特色课程体系。

三、主要成果

（一）与学校课程理念一致的定格动画课程设计

定格动画课程现在已经成为史家实验学校的名片课程，它以学校办学理念、育人目标、课程理念为依据，形成与学校"身心智趣"课程体系一致的课程体系，定位于"趣味实践"领域。基础课程实现基础知识和基本技能的学习，拓展课程落实对定格动画相关知识和技能的普及，而特色课程以学生亲身实践、制作成品为主（见图1）。

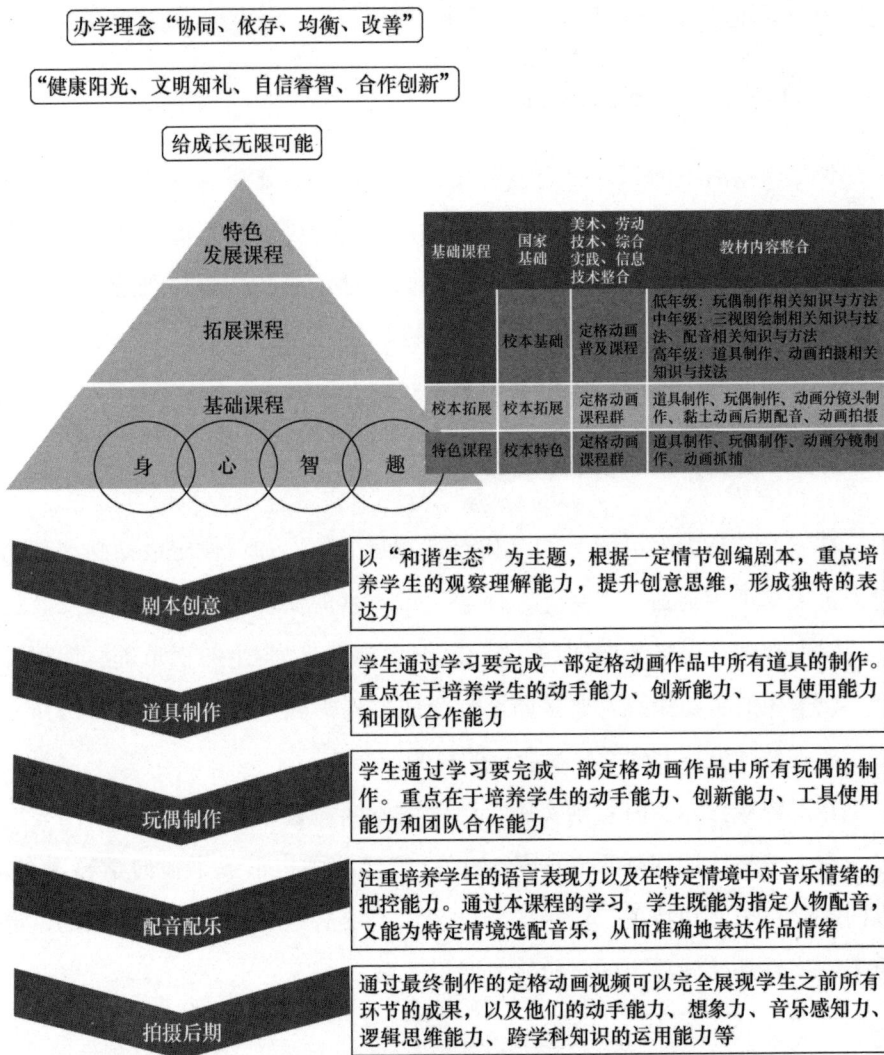

基础课程	国家基础	美术、劳动技术、综合实践、信息技术整合	教材内容整合
校本基础	校本基础	定格动画普及课程	低年级：玩偶制作相关知识与方法 中年级：三视图绘制相关知识与技法、配音相关知识与方法 高年级：道具制作、动画拍摄相关知识与技法
校本拓展	校本拓展	定格动画课程群	道具制作、玩偶制作、动画分镜头制作、黏土动画后期配音、动画拍摄
特色课程	校本特色	定格动画课程群	道具制作、玩偶制作、动画分镜制作、动画抓捕

图1 定格动画课程群

定格动画课程的设计遵循联结性、创新性、选择性、协作性原则，实现课堂学科知识与定格动画课程的联结与融合，落实格物致知、学以致用。基础课程同道德与法治、美术、劳动技术、信息技术、音乐、综合实践、语文、数学、科学等课程相互渗透。在课堂教学时，教师通过以知识为载体的教材向学生传递直接经验和间接经验，在设计定格动画时，将国家基础课程知识联结并融合到定格动画课程中，在设计制作的过程中运用这些知识，培养解决问题的能力。如在拍摄学校"和谐＋生态"主题动画片时，从剧本共同创作开始，师生集思广益，共同思考故事脉络如何搭建、选择哪些符号元素、内容如何衔接等。剧本确定后，美术老师要带着学生学习绘制三视图；劳动技术老师和美术老师要和学生一起商量并制作道具，探讨不同的场景、人物、景物如何选择材料、如何设计形象；信息技术老师要教给学生拍摄的技巧——如何让人物、景物动起来，还要反复实践以解决人物动作的生活化、灵活性等问题；最后，音乐老师要和信息技术老师一起指导学生完成后期剪辑与配音的任务。一部时长不足 3 分钟的动画片，从构思到完成需要花费一个学期的时间。这一长链条的实践，仅靠一种技能、一个人、一方面的资源是不可能完成的，需要学生不断地学习、实践、反思、改进、合作。一部动画片的诞生就是学生学习、创新、成长的过程。

定格动画课程本着一切以学生的发展为中心，设置不同层级的进阶式课程，采取灵活多样的课程形式，学生可根据需求和能力选择适合自己的课程。进阶方式为在国家基础课程中准备自己，在自主课程中发现自己，在课外活动课程中提升自己，在研学课程中开阔自己。核心素养的培养贯穿于整个课程（见图 2）。

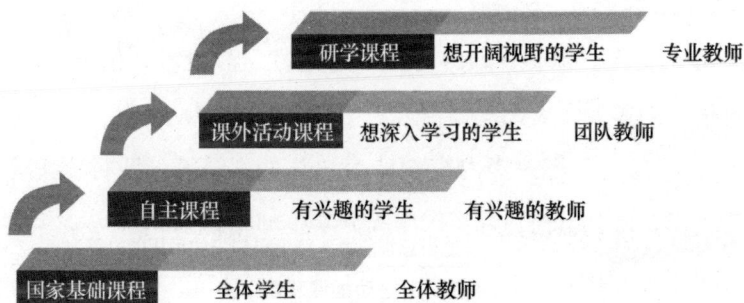

图 2　进阶式课程体系

（1）在基础课程中准备自己，落实学科综合实践课程内容，穿插学习定格动画课程的基础知识和基本技能。

（2）在自主课程中进阶专业学习，选课的学生分门别类对定格动画的相关知识进行系统学习，加强学生的艺术鉴赏能力，提升学生的创意理念。

（3）课外活动课程尝试创作作品，从自主课程选课的学生中选拔兴趣高、个人优势突出的学生，组成创作团队，学习制作作品等。

（4）研学课程拓展学习与交流的空间，为在定格动画方面学有所长的学生创造发展的空间，提供展示的平台和学习交流的机会。

（二）促进多元发展的课程目标体系

学校"给成长无限可能"的无边界课程理念，认为学生是多元的，学校通过丰富、多元、立体、完整的课程积极拓展学生学习和实践的领域，发掘潜质、发展个性、发挥特长，让多元的学生得到多元的发展。因而，课程目标指向学生的多元发展。在课程总体目标之下，制定课程设计理念及设计目标；各层级阶段、课程群内各课程设有相应的匹配目标，形成指向清晰的课程目标体系，使学生的多元发展获得有效促进。

1. 课程目标

定格动画特色课程学习，致力于提高学生统筹全局的能力、连贯思维能力、想象力和创造力、把握时间和空间的能力、动态捕捉能力、观察能力、绘画能力、动手能力、对音乐的感知能力、跨学科知识的运用能力、表演能力、团队协作能力等，关注学生综合素质的养成。

2. 设计理念

（1）立德树人。课程在设计上突出思想性、教育性，依据塑造社会主义核心价值观的需要，突出立德树人。

（2）知行合一。将课程内容设计为"认知—情感—践行"三个方面，使之互为支撑，融会贯通，在实践中提升学生的综合素养。

3. 课程设计目标

学校深入挖掘定格动画中的教育资源，立足现状，以中华优秀传统文化为核心，从知识与技能、情感与态度、过程与方法三个方面设计课程目标。

（1）了解定格动画的制作过程，包括道具制作、分镜头制作等；学习设计故事情节的方法，会画分镜头设计图；掌握定格制作、分镜头设计的方法和技术。

（2）具有解决问题的能力。通过合作，完成一个定格动画作品。

（3）热爱中国优秀传统文化，锻炼动手能力、合作交流能力，提高信息技术水平，培养创新精神。

（三）落实课程计划，促进学生多元发展

1. 各层面实施到位

定格动画课程作为一门综合实践性的课程，虽然具有很大的动态性和开放性，但作为课程又是相对稳定的，需要通过一定的手段固化。课程核心团队层面，制定课程实施方案，编订课程大纲，每学期制定课程实施计划。任课教师层面，编写课程群中五门课程的具体课程设计方案、实施计划、完整的课程教学设计和学习单。在此基础上，已编写完成5门课程的教师初级指导用书，内容分为：分镜制作篇、玩偶制作篇、道具制作篇、配音配乐篇、后期拍摄篇。

2. 凸显学科课程渗透

国家课程是满足学生成长需要的基础性课程，主要是面向全体学生开设的必修课程，为学生提供了学习其他课程的基础知识和基本技能。定格动画与国家课程中道德与法治、美术、劳动技术、信息技术、音乐、综合实践、语文、数学、科学等学科均关联紧密，把定格动画与学科课程相结合，既丰富了学科课程，也是落实定格动画基础知识的重要抓手。

3. 形成定格动画实践模式

定格动画是一个综合性实践过程，首先确定制作动画的主题，然后按照制作步骤，一步步完成定格动画制作，这与 PBL（Project-Based Learning，项目式学习）十分相似，因此学校采用项目式学习对定格动画进行设计（见表1）。

项目式学习实施过程的四个阶段

活动阶段	教师活动	学生活动
萌发与选定	协助学生整理思路，帮助学生了解定格动画	思维导图设计，产生尝试的兴趣，确定研究主题

续表

活动阶段	教师活动	学生活动
方案的构思	预测学生可能会遇到的问题以及相关对策，帮助学生整理基本的设计思路	确定"开笔破蒙"短片，按特长分组，制定初步的实施计划
设计实施	实施任务驱动，引导学生完成两次拍摄、比较，找到问题解决方法	通过两组尝试拍摄，不断实践"尝试→比较→发现问题→寻找解决方法"的过程，最终获得解决问题的体验过程
展示与交流	对定格动画进行推广和延伸，及时总结，获得研究思路	学生填写表格，总结所学，用语言描述所学并展示拍摄成品

定格动画采用由学生观察校园生活的方式，寻找动画主题，并通过讨论研究确定动画主题。学生根据基础课程和拓展课程中所学知识，对定格动画进行方案设计，形成项目式学习的学习单，并在指导教师的带领下按照学习单完成定格动画制作。项目设计时不仅需要关注学生的学习目标，同时也需要考虑以下几项核心要素。

（1）重点知识的学习和核心要素的培养：项目不仅关注定格动画知识与技术的学习，同时也关注学生批判性思维能力、解决问题能力、团队协作能力和自我管理能力的培养。

（2）有挑战性的问题：项目式学习的核心是解决一个有意义的问题。这个问题应该具有一定的挑战性，但同时又不能难到让学生望而却步，这就需要指导教师随时了解小组学习情况，进行必要的指导。

（3）持续性的探究：在项目式学习的过程中，学生针对提出的问题进行查找、整合和使用信息，形成持续性的探究。

（4）真实性：项目式学习以解决校园生活的实际问题为目标，提高学生解决真问题的能力。

（5）学生主体地位：学生需要对项目有自己的发言权，包括做什么和怎么做，教师主要起指导和引导作用，不要过多干涉学生的做法。

（四）多位一体的课程保障

定格动画特色课程每个分课程都是跨学科的综合课程。例如道具制作课会涉及数学课、劳动技术课、美术课等；拍摄课程会涉及美术课、信息技术课……因此，很多工作需要顶层设计、全盘统筹规划。

而现有的分学科管理体制无法适应和满足定格动画课程实施模式的管理需求，因此我们在课程开发与实施过程中不断探索，逐步创设了学院制管理模式，分别从课程设计与实施、教师管理与培训、学生学习规划与组织管理三个维度进行建制（见图3）。

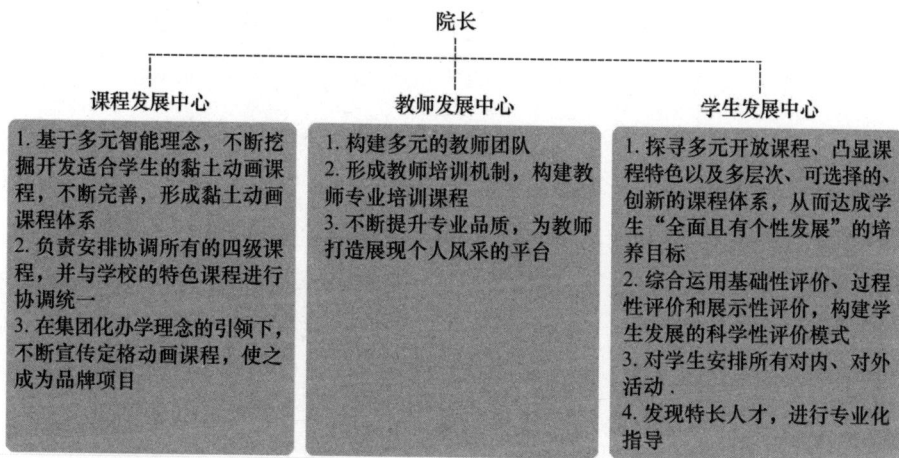

院长

课程发展中心	教师发展中心	学生发展中心
1.基于多元智能理念，不断挖掘开发适合学生的黏土动画课程，不断完善，形成黏土动画课程体系 2.负责安排协调所有的四级课程，并与学校的特色课程进行协调统一 3.在集团化办学理念的引领下，不断宣传定格动画课程，使之成为品牌项目	1.构建多元的教师团队 2.形成教师培训机制，构建教师专业培训课程 3.不断提升专业品质，为教师打造展现个人风采的平台	1.探寻多元开放课程、凸显课程特色以及多层次、可选择的、创新的课程体系，从而达成学生"全面且有个性发展"的培养目标 2.综合运用基础性评价、过程性评价和展示性评价，构建学生发展的科学性评价模式 3.对学生安排所有对内、对外活动 4.发现特长人才，进行专业化指导

图3　学院制管理模式框架

1. 课程发展中心为课程有效实施提供统筹

定格动画特色课程设置专人管理，统一对定格动画的所有课程进行调配统筹，对于所有课程设置固定时间。

时间	星期一	星期二	星期三	星期四	星期五	周末和假期
上午	利用基础课程落实学科综合实践课程内容，安排穿插有关定格动画的学习内容				自主课程	适时安排研学课程
下午						
放学后课外活动课	玩偶制作课、绘画分镜课		拍摄课	道具制作课		

2. 教师发展中心，为课程有效实施提供师资保障

在学校教师中寻找具有授课潜质并且对课程有兴趣的教师，组织他们进行定格动画特色课程的培训，培训合格即可走进课堂。在其经历一段时间的授课后，从中选拔水平较高的作为培训教师。长此以往，不断推进。

教师培训包括教师之间互相培训、请专家进行培训、教师走出去参与培训。

3. 学生发展中心让学生在参与课程的过程中发现自我

（1）建立积分制管理模式。对课程采取积分制的方式进行管理，学生通过"成长手册"的记录，知晓自己的定格动画课程进度，对自己的学习有一个整体规划。通过学习，真正找到兴趣点，使兴趣得到进一步的发展。

（2）采取进阶式的学习方式。进阶式的学习方式服务于全体学生，让每一名学生都参与到课程中来，也给不同能力的学生提供了不同层级的课程。学生可以在课程中找到自己真正的兴趣点，从而有选择性地进入下一门进阶式课程的学习。

（3）搭建学生展示和交流的平台。学生发展中心为学生搭建交流和展示的平台，让学生有更多的机会进行展示、交流，开阔眼界，同时把定格动画带给更多的人。

（五）助力多元发展的课程评价体系

课程评价是促进课程目标达成的重要环节，也是课程管理的重要手段，在活动中发挥着指导和监控的作用。通过评价，可以及时指导学校改进教与学的活动，使之不断发展和完善，可以促进学生个人成长、教师专业素养不断提高。

新课程倡导对学生进行发展性评价，注重对学生学习能力、态度、情感、表现和实践能力以及学习方法的综合评价，通过多元评价激发学生的积极性，促进学生多元发展。

以课程的性质和目标为依据，建立重参与、重过程和重发展的整体评价体系，强调评价主题与形式的多元化、评价内容的综合性和全面性、评价标准的合理性和科学性以及评价方法与手段的多元性。评价的途径包括线上、线下两种方式。通过评价，让更多的学生积极参与到课程中来，促进学生的多元发展。

1. 线上评价

学生通过网络，对自己选择的定格动画课程进行线上评价。这样的方式，也能使家长感受到孩子在成长过程中的快乐。

2. 线下评价

一是在家长开放日进行课堂展示，家长会在课后进行现场评价。

二是以作品呈现的形式进行评价。对于学生的作品，我们会采用不同的方法展示在定格动画教学楼内，全校的同学分时间、分班级进行欣赏，从而给出评价。

四、效果与反思

（一）定格动画课程丰富了学校的文化内涵

定格动画课程建设走的是一条完整的、自下而上又自上而下的实践之路，积累了丰富的课程实践经验，为学校各级各类课程的建设探索了路径，树立了标杆。其课程体系的完善既依托学校整体课程体系，又丰富了学校整体课程，相辅相成，将学校办学理念、课程理念在具体课程和课程实施中体现出来，成为育人目标的良好载体，促进了学生的多元发展。教师在实践中提升科研能力、授课能力，形成了良好的团队协作氛围；学生在学习中打破了班级、年级、学校之间的界限，形成学生之间、师生之间、家校之间友好合作的人文关系。一门课程的成功打造，也带动了学校文化内涵的整体提升。

（二）定格动画课程促进了学生的多元发展

史家实验学校的办学思想集中概括为"和谐＋生态"，正是史家教育集团王欢校长所提出的，一切为了孩子的发展考虑，只有使定格动画特色课程进入课堂，学生才有创造性展示他们才华的空间，才有我们今天丰硕的成果。定格动画以其特有的魅力吸引着学生，感染着学生，锻造着学生。学生感受到了民族民间传统艺术的魅力，其对我国民间传统艺术的兴趣得以激发，审美品位得以提高；学生体验到了民间艺术带来的快乐，获得了对民间工艺制作和创作的持久兴趣，增强了民族崇敬和自豪感；在传统手工艺的制作过程中，学生感受到了民间艺术的特色，其吃苦耐劳、勇于创新、团结合作的精神得以培养。学生学会动脑、学会动手、学会合作、学会创新、学会学习，从而学会生活，拥有了洞察的眼、睿智的脑、灵巧的手、友善的心。

1. 因趣成爱

学生因对定格动画的兴趣，产生了学习的动力。

令老师头疼的"小淘气包"们，在他们身上貌似有太多的不足之处，但是在定格动画老师们的眼里，他们个个都是星光灿烂的宝贝，他们能把人物造型捏得栩栩如生，能结合自己好动的性格让一个个玩偶动起来，他们还能把故事写得出神入化。定格动画教室好像有魔力一般，不仅培养、挖掘了学生们的兴趣，还培养了学生们良好的学习习惯。

2. 因爱生能

学生通过学科学习、综合性学习，在定格动画的课程中不断生发出更多的兴趣，大胆尝试新的领域，变成了多面手，具有了越来越多的能力。

3. 因能增力

学生在不断进阶的学习实践过程中，能力不断增强，创作出越来越多的好作品，成就及荣誉带给他们自信心和成长力。定格动画团队至今已经拍摄了40余部动画作品，同伴的羡慕和崇拜使他们找到了自己的价值和信心，激励着他们向更高层次发展。

4. 因变促学

随着课程改革的不断深入，学科本位、学科立场被不断突破，老师们依托定格动画课程，形成了综合学科团队。新的课程，新的角色，让大家挖掘出自己的潜能，不断地学习和改变。

（三）定格动画课程结出丰硕成果

截至2021年，史家实验学校已完成东城区"十二五"课题1项，完成国家"十三五"课题的研究工作。"十四五"课题申报成功2项，目前正在有序开展研究工作。

学校获得北京市雏鹰基地校、北京市传统文化艺术特色校、北京数字学校研究基地等荣誉。获得区级先进集体4次。2017～2020年在第一届至第四届北京市中小学生"奇梦炫漫"动漫创客活动中，共获团队特等奖3项、一等奖8项、优秀组织奖4次，参赛34人次；2018年12月获东城区总工会职工优秀技术创新成果一等奖。2019年获东城区优秀成果一等奖；2021年获北京市基础教育教学成果二等奖。在实践单位开展课程、活动，深受好评。

教师在各项比赛中获奖，提升了教师的专业能力。

团队教师中有市级骨干教师1名、区级骨干教师6名、区兼职教研员1名，参加市、区级现场课，课程展示等百余节；荣获北京市基础教育优秀论文、案例百余篇。

师生共同完成原创动画片40余部，接待国内外参观百余次；团队学生制作的冬奥宣传短片正式递交冬奥组委。特别是在疫情期间，学生通过观看线上定格动画微课5节，点击量累计达到万余次；学校收到原创动画片46部，其中贾伊洛同学制作的《没有一个春天不会到来》在北京市教委官方抖音号播出。

定格动画课程从研发到实践，经历7年，已凸显其课程特色，成为学校的课程名片。在这段历程中，学生得到发展、教师得到成长。未来，我们还将对定格动画课程进行进一步的完善和优化。一是作为一门特色课程，如何在"双减"背景下使课程更精简、更精致，是我们面临的新挑战，其结构和内容的优化势在必行。二是从课程实施效果看，本课程确实能满足学生全面而有个性的发展，促进学生的多元发展，然而，要想更精准地满足学生的个性化需求服务，还需要加强对指导策略的研究，实现有针对性的课程供给。在今后的实践和探索中，我们将不断努力，为办好人民满意的教育不断开拓、不断创新、不断前行。

第**2**篇

教　案

定格动画的风格化[①]

什么是定格动画

课题		什么是定格动画	课时	1 课时
教学目标	知识与技能	1. 了解定格动画与其它动画的区别 2. 知道定格动画的拍摄方法		
	过程与方法	1. 通过观察与探讨的方式知道定格动画的特点 2. 利用网络自主探究定格动画的相关知识		
	情感态度价值观	通过课堂赏析和课下探究，激发学生对定格动画的兴趣，提高其自主学习的意识和能力		
	教学方法	观察法、讨论法、演示法、探究法		
重点		定格动画与普通动画的区别		
难点		定格动画的拍摄方法		
媒体使用		实物投影		
教学教具		PPT、手机或平板电脑		

环节	教师活动	学生活动	设计意图
导入	**动画访谈** 　师：每个人的童年时光里都少不了动画片的陪伴，请介绍一部你最喜欢的动画片，说说它最吸引你的地方	畅谈动画，聆听他人	从学生感兴趣的动画片入手，活跃课堂气氛，调动学习积极性
新授	**动画赏析** 　1. 明确概念 　师：大家看过这么多的动画片，我们讨论一下到底什么是动画呢	课前查找资料，讨论后自由发表观点，以创意表达的形式由一位学生总结出动画的相关知识	培养学生自主探究的能力、语言表达的能力，以及合作解决问题的意识

续表

环节	教师活动	学生活动	设计意图
新授	设计学习单 电影 → 动画 → 定格动画 明确定格动画与电影和动画之间的关系	**创意表达** 　动画是一种综合艺术，集绘画、电影、数字媒体、音乐、文学等众多艺术门类于一身。最早发源于19世纪上半叶的英国，兴盛于美国。中国动画起源于20世纪20年代 　动画是通过把人物的表情、动作、变化等分解后画成许多动作瞬间的画幅，再用摄影机连续拍摄成一系列画面，给视觉造成连续变化的图画	
	2. 动画分析 视频：两部其它动画 　　　两部定格动画 师：老师这里有几部带有编号的动画节选，你们想先看几号	通过观看，将相同类型的动画片进行对比，认识定格动画与普通动画的区别 　学生讨论： 　1. 哪些属于同一类型的动画 　2. 这类动画有什么特点 　3. 它们与其它动画有什么区别	利用动画片分类的方法，让学生自己发掘定格动画的特点及与其它动画的区别，解决教学重点问题
	3. 定格动画 　（1）其它动画的拍摄方法 视频 + 教师解说 　（2）定格动画的拍摄方法 视频 + 教师解说	学生观看、聆听、思考用自己的语言梳理定格动画的概念要素，会区分其它动画与定格动画的不同之处	在教师的引导下，学生用自己的语言概括定格动画的概念，从理论上认知定格动画的拍摄方法，培养抓住关键要素解决问题的能力及语言表达能力

环节	教师活动	学生活动	设计意图
新授	师：你能用自己的语言概括一下什么是定格动画吗 板书：定格动画 板书：照相机 每秒 24 帧 　　定格动画的拍摄方法：定格动画属于动画门类的重要分支之一，与手绘动画和电脑动画不同，它是采用一种特别的拍摄手法来实现的。 　　这种独特的拍摄手法，最早可以追溯到电影产业的初期，美国的一位无名技师无意中发现了一种新形式的电影拍摄手法，即用摄像机一格一格地拍摄移动的物体，然后连续播放，看起来像运动中的物体。这种拍摄手法后来被命名为"逐格拍摄法" 板书：逐格拍摄法	关于定格动画，提出自己的问题并互相解答，对于未能解答的有价值的问题，教师及时作出指导 　　通过探讨交流明晰定格动画的基本概念，并组织语言概括 　　定格动画也称逐帧动画，是动画制作技术的一种表现形式。动画制作网认为定格动画是根据每秒 24 帧的标准拍摄物体，连续拍摄每个帧并产生动画效果。最基本的生产是使用照相机作为拍摄工具，一系列的镜头被制作成一帧一帧，每幅图片的执行量最小。最后，所有的图像被快速和连续地播放	
	4. 表现方式 　　师：定格动画可以由哪些物体作为拍摄对象呢	学生观察并回答问题 真人、玩偶、拼贴、板绘等	培养学生观察分析事物的意识和能力
演示	最简单的定格动画 手机拍摄：水杯移动	学生观察拍摄方法与过程	通过教师演示，学生更直观地看到定格动画的拍摄方法，激发学习兴趣，突破教学难点

环节	教师活动	学生活动	设计意图
总结	师：相信你已经对定格动画有所认识，请你课后搜寻并欣赏几部定格动画短片，找一个自己最喜欢的，记录下你认为有意思的地方 **学习单** 要求： （1）这部动画是用什么材料制作的 （2）这部动画讲述了怎样的故事 （3）这部动画展现出什么样的情绪	自己用现有设备尝试拍摄，并与同学交流你遇到的困难或发现的妙招 学生课后完成学习单	通过欣赏其它定格动画作品，有意识地观察并思考故事内容，可以为后面的教学做好铺垫
课后总结	童年从不缺少动画，但什么是定格动画，它与其它动画有什么不同？本节课通过欣赏比对，让学生发现定格动画的独特之处，了解它的起源、发展以及制作要求，并在课后搜集一些定格动画作品进行简单的赏析，与同学进行分享，完成学习单		

如何创作一部定格动画

课题	如何创作一部定格动画	课时	1 课时
教学目标	知识与技能	1. 知道定格动画的整体创作流程 2. 知道每个流程的具体环节，本课学习前期制作	
	过程与方法	1. 以小组任务学习为主 2. 通过展示交流的方式进行成果汇报	
	情感态度价值观	通过小组内合作探究学习，梳理定格动画的制作流程，培养学生团队意识和自主学习的能力	
	教学方法	观察法、讨论法、探究法	
重点	定格动画制作流程		
难点	定格动画的前期制作		
媒体使用	实物投影		
教学教具	PPT		

环节	教师活动	学生活动	设计意图
导入	**反馈交流** **展示质量较高的学习单** 师：同学们都为自己喜欢的定格动画填写了学习单，对这部作品进行了分析。那么，你想不想自己也拍摄一部这样受人喜爱的定格动画呢 如果是你拍摄，你会分为几个步骤呢	聆听意见，思考提高 展示学生拍摄的作品，分析优势与不足	听取反馈意见，提取有用信息，为拍摄定格动画作品提升自信
新授	**前期制作** **创意、剧本与分镜头** 师：要想制作一部定格动画作品，首先要有一个好的题材，即你要拍摄哪方面的动画 师：确定好主题，我们就可以添加创意了	听取理论知识，引发自我思考，在小游戏的辅助下认知定格动画前期制作的流程和细节	培养学生观察生活并提取生活信息的意识，在小游戏的排列组合下，知道前期制作对于整部定格动画创作的重要性，解决教学中的难点问题

续表

环节	教师活动	学生活动	设计意图
	板书：创意 　所有影片的第一步是创意。就是你想要说什么，你希望观众看到什么——故事内容与视觉形式，谁是你的观众等 　小游戏：连连看 　师：确定了这些元素，我们就可以在此基础上发挥想象力完成剧本与分镜头 　剧本＋分镜头简述 　板书：剧本、分镜头	如家庭、校园、运动、旅游、美食、爱好等，学生认真思考，积极参与 　以这些元素为题自由组合，尝试剧本初创作： 主题　观众　创意 校园　网友　搞笑 家庭　同学　炫酷 爱好　亲人　温馨	
新授	**中期制作** **角色形象、场景与拍摄** 　师：我们完成了前期制作，就可以根据剧本来塑造角色和场景了 　你还记得定格动画都用哪些材料来制作角色和场景吗 　（黏土、纸、真人、玩具等） 　展示1～2部不同材料拍摄的定格动画作品	边观看边回忆，复习上节课学习的拍摄知识，并在此基础上系统学习定格动画的中期制作，即角色形象、场景的制作，以及拍摄方法 　准备拍摄之前，深入探究定格动画的角色形象，场景的制作，及拍摄方法	复习巩固上节课内容，并在此基础上细化知识点，让学生明晰每个具体的创作环节，在脑海里构建起知识框架
	后期制作 **合成剪辑、配乐与渲染** 　师：在拍摄完成后，我们的作品还不够完美，需要运用一些多媒体设备进行再加工	学生就自己的认知程度介绍几个简单的制作软件，并推荐主要功能，如修图、音效、剪辑等，最终确定几个易操作的软件作为定格动画后期制作备选	培养学生合作学习的意识，共同探究拍摄软件的功能及使用方法

环节	教师活动	学生活动	设计意图
回顾	**流程图** 师：我们已经将创作定格动画的所有流程向大家介绍了一遍，看看你是否都记住了 （填写流程图）	填写定格动画制作流程图	在填写过程中复习整堂课的知识结构，另外以视图的形式总结知识点更易记忆，从而突破教学难点
总结	师：好的开始是成功的一半，想要拍摄一部令人称羡的定格动画作品，就要从选题抓起。请你写一写自己日常关注的事物，加些创意，为定格动画的诞生奠定良好的基础吧	学生学习了创作定格动画的基本流程，自我分析一下在拍摄定格动画作品时哪些地方可能是比较困难的，请教同学或老师	培养学生观察生活、热爱生活的情感，以及其丰富的想象创新能力
课后总结	以学习单为主线引导学生掌握定格动画的制作流程，再以小游戏和交流讨论的形式穿插其间，将每一个环节的重要知识进行总结归纳，形成思维导图，以利于今后开展更加系统和细致的学习		

定格动画的风格化

课题	定格动画的风格化	课时	1 课时

教学目标	知识与技能	1. 掌握定格动画整体创作流程 2. 知道定格动画创作的风格化
	过程与方法	1. 以观赏定格动画作品的风格为主 2. 通过赏析交流的方式明确创作定格动画的风格化
	情感态度价值观	通过赏析交流，再次明确定格动画的制作流程，培养学生个人创作风格的意识
	教学方法	观察法、讨论法、探究法

重 点	定格动画制作流程
难 点	定格动画的风格化
媒体使用	实物投影
教学教具	PPT

环节	教师活动	学生活动	设计意图
导入	**风格展示** 反馈学生上节课完成的小段子，分析其风格 师：从大家写作的文字就可以看出风格，有的很细致，有的很幽默。很多大文豪也是这样，你能举例说明吗	聆听意见，反思提高 举例 诗词对比 李白 + 杜甫，一个潇洒大气，一个悲怆深沉	听取反馈意见，通过风格对比初步认识到每个作品都有其属于自己的风格
新授	**画风赏析** 1. 写意画 VS 工笔画 2. 具象 VS 抽象 师：同为国画，你能说说它们各自是什么风格吗 板书：风格 风格，是一个艺术品的"特质"	学习理论知识，思考并讨论，通过讨论，在绘画作品的对比中认识风格是艺术品的特质	培养学生在观察中提取信息的能力，在讨论中集中团队力量解决问题

环节	教师活动	学生活动	设计意图
新授	**风格介绍** 1. 写实风格动画 动画电影:《阿凡提的故事》节选 2. 卡通风格动画 动画电影:《葫芦兄弟》节选 3. 综合实验动画 瓷偶动画:《鱼盘》 折纸动画:《三只蝴蝶》 实物动画:《多才多艺小达人》 真人动画:《灯具》 师:它们都属于综合实验动画,你能说说为什么吗	欣赏不同风格的动画作品,学习风格化的相关理论知识,在各种风格中寻找自己的定位,思索自己未来要创作的作品需要具备哪些元素 通过观看动画,探讨交流,并组织语言概括结论 风格是艺术的特质,也是作为导演表达自我的最重要的部分,风格将你和他人的作品区别开来	通过赏析不同风格的动画作品,学习动画风格的理论知识,鼓励学生对尚不理解的地方提问并用已有认知进行解答,突破教学难点
	制作流程 师:我们要创作一部具有风格的定格动画,需要做些什么准备呢 将本课的风格化知识内容压缩,留下更多时间探讨学生创作作品时的疑惑,就某一个反映较多的问题置顶思考	学生聆听、交流、复习巩固,进行知识迁移和拓展。理清制作流程 1. 前期制作 创意、剧本和分镜头的风格化 2. 中期制作 角色形象、场景与拍摄的风格化 3. 后期制作 合成剪辑、配乐与渲染的风格化	教授学生温故知新的学习方法,在原有认知上更加明确风格化定格动画的制作流程,突破教学难点
总结	师:希望你也能创作出拥有自己风格的定格动画作品。请按自己喜欢的风格将上一篇小作品扩展扩充为一个小故事,并赋予其自己的初衷与感悟	学生完成课后任务	鼓励学生观察生活、热爱生活,以及其丰富的想象创新能力

续表

环节	教师活动	学生活动	设计意图
课后总结	本节课涉及的风格化对于学生来说比较抽象，应利用他们熟悉的诗词和画作进行对比，帮助他们初步感知什么是风格化。通过对一些风格化明显的定格动画作品进行赏析，让学生在简单与繁复、卡通与实物的赏析中讨论不同风格的优势所在。结合之前学习内容，思考如果自己创作定格动画要以哪种风格定下主调		

剧本技巧、分镜头脚本与镜头运动[①]

剧本创作技巧

课题	剧本创作技巧	课时	1~2 课时
教学目标	1. 根据影片还原剧本，掌握剧本构成的核心要素 2. 学习剧本的创作技巧		
过程与方法	1. 利用观看影片暂停、倒推、拉片的方法尝试还原剧本 2. 以赏析一个动画为主，讨论剧本创作要素		
情感态度价值观	通过赏析交流，倒推剧本，培养学生逆向思维和自主学习的能力		
教学方法	观察法、讨论法、探究法		
重点	剧本的创作技巧		
难点	赏析动画，倒推剧本		
媒体使用	实物投影		
教学教具	PPT		

环节	教师活动	学生活动	设计意图
导入	**动画赏析** 　视频：《阿凡提的故事》 　师：请用自己的话来说说你从这部小动画中看到了什么。请根据之前学习的定格动画知识，分析这部动画的剧情	赏析动画，探讨交流	培养学生的观察和总结能力，以及提取有效信息的能力

---

① 本文作者：张倓然。

环节	教师活动	学生活动	设计意图
新授	第1集 《卖树荫》剧情： 烈日当空，为生计疲于奔命的穷人在一棵大树下稍做歇息，贪财的财主巴依看到，和老婆稍做合计，想出发财妙招：他称树荫属于他，穷人要想乘凉，必须拿钱来买。穷人纷纷摇头表示没有银子时，巴依和老婆动手欲将他们手中赖以活命的羊奶等物抢去占为己有。纷扰中，倒骑毛驴的阿凡提来到树荫下，巴依自然也要他快掏银子，阿凡提不慌不忙，表示欲买树荫，巴依和老婆以为阿凡提是傻瓜，狮子大张口要了他一袋钱。众人起初不解阿凡提意图，后来才明白他是以其人之道还治其人之身	以一部动画为例，分析和学习剧本的理论知识，并在多次观看中直观感受理论与实践的完美结合	培养学生在观察中提取信息的能力，在讨论中集中团队力量解决问题，突破教学难点
	剧本制作 1. 剧本创作 师：好的动画要有好的剧本，你觉得一个好剧本要具备哪些要素 学生讨论、教师总结 板书：矛盾冲突 　　　人物语言 　　　文字说明	学习剧本创作的要素、技巧及格式，尝试倒推观看的动画剧本，体会剧本与作文的不同之处，将自己之前写的小故事创编成剧本	通过理论知识的学习，尝试看动画片倒推剧本，并与实际剧本进行对比，看到剧本与作文的不同之处，自行创编剧本，在修改中不断提升创作能力，突破教学难点

环节	教师活动	学生活动	设计意图
新授	师：知道了剧本创作的要素，我们再看《阿凡提的故事》动画，你能试着还原它的剧本吗 2. 剧本格式 师：剧本有自己的特定格式 PPT：剧本格式 按照剧本格式将《阿凡提的故事》动画标准化展示 3. 剧本创编 师：我们试着将上节课写的小故事改写为剧本 要求： （1）故事题材具有可创作性 （2）有剧本三要素 （3）按照剧本格式		
总结	师：剧本与我们以往写的作文有很大不同，需要认真思考每个画面要表达的想法，认真思考，一点一点进步，相信你能成为一个不错的小编剧	学生完成课后任务	鼓励学生观察生活、热爱生活，在创编剧本的过程中磨炼心智，获得成功体验
课后总结	本节课涉及的定格动画的专业术语，专业知识内容非常多，而且理解难度很大，可以分为两节课或者三节课进行教学。其中学生对剧本的理解和编写是重中之重，教师应该多举例、多引导，学生多尝试		

分镜头脚本与镜头运用

课题	分镜头脚本与镜头运用		课时	1～2课时
教学目标	1. 学习分镜头脚本的写法与格式 2. 掌握镜头运用的具体方法			
过程与方法	1. 赏析一个动画的分镜头脚本，学习相关知识 2. 利用倒推的方法还原分镜头脚本，观察捕捉镜头的运用方法			
情感态度价值观	通过赏析交流，倒推分镜头脚本，培养学生逆向思维和自主学习的能力			
教学方法	观察法、讨论法、探究法、实践法			
重点	拍摄角度与分镜头脚本具体知识			
难点	赏析动画，倒推并创作分镜头脚本			
媒体使用	实物投影			
教学教具	PPT			

环节	教师活动	学生活动	设计意图

导入	**分镜头文字脚本**
	  1. 概念
	  文字脚本又称"文字分镜头台本"。将剧本分成若干个镜头，包含镜头号、拍摄方法、音效技术、后期特效等相关内容，使文字脚本成为可供拍摄并符合影片长度要求的文本，这是画面分镜头的重要依据
	  2. 格式展示
		学习分镜头脚本的基本概念、写法、格式。观看分镜头脚本案例。
		　学生按照这个表格把《阿凡提的故事》动画第 1 集的剧本写为文字脚本
		　每位同学完成分镜头文字脚本后，我们以小组为单位，完善一份全面细致的文字分镜头脚本
			在多次观看同一部作品中，培养学生的观察和分析能力，为定格动画的创作奠定坚实基础

新授	**镜头运动**
	  按拍摄方式对镜头形式分类，拍摄过程中镜头可以分为固定镜头和运动镜头
	  1. 固定镜头
	  指在摄像机不改变机身位置和没有任何运动时所拍摄的画面
		观看不同镜头运动时拍摄出的画面效果，再对熟悉的动画进行分析，学习本课知识内容	培养学生在观察中提取信息的能力，在讨论中集中团队力量解决问题，突破教学难点

环节	教师活动	学生活动	设计意图
	2. 运动镜头 按照镜头运动的形式可以分为推镜头、拉镜头、摇镜头、移镜头、跟镜头。观看动画短片，边看边分析其中的镜头运动		
新授	**分镜头——角度与景别** 1. 镜头角度 镜头角度就是在拍摄过程中摄像机镜头面对物体的距离和方向，如： 水平、正面、背面 侧面、垂直、平视 仰视、俯视、倾斜 师：你是否能看到动画片里各种角度的镜头（观看影片） 2. 镜头景别 镜头景别是指我们感觉屏幕上人物的远近，或者画面包括的范围 Ⅰ远景（大全景）：宏大的场面，画面开阔 Ⅱ全景：表现主角全身及周围环境 Ⅲ中景：主角膝盖以上的部位 Ⅳ近景：主角腰部以上的部位 Ⅴ特写：主角的头部 师：你在动画里看到了哪些景别？这样设计可以表达什么	学生学习分镜头文字脚本的理论知识，将动画剧本改写为文字脚本，并以小组为单位进行探讨，修改完善成可供拍摄的分镜头脚本 学生根据动画学习了解有关镜头角度、景别和剧本创作的内容，练习在一个画面中观察镜头的运动轨迹	通过理论知识的学习，尝试将剧本升级为可供拍摄的分镜头文字脚本，培养学生的逆向思维，突破教学难点

环节	教师活动	学生活动	设计意图
总结	师：参照我们学习的动画分镜头文字脚本的理论知识和格式，将自己创编的故事剧本改写为文字分镜头脚本	学生完成课后任务	鼓励学生热爱生活、观察生活，在修改完善文字脚本的过程中磨炼个人心智，提升团队意识
课后总结	分镜头脚本是建立在学生已经写了一部相对完整的剧本的基础之上的。在顺序上，先是想法——创编一个故事，再用文字表现出来，最后用分镜头脚本把文字转化成画面。学生需要理解、体验这个完整的创作过程。学生的作品会出现各式各样的问题，这都是正常的。对于学生而言，体验完整的创作过程比制作一部完整的剧本和分镜头脚本更重要		

角色设计、环境与场景设计、绘画分镜头[①]

角色设计

课题	角色设计		课时	1 课时
教学目标	1. 定格动画进入中期制作阶段，需让学生严格按照定格动画流程将确定的定格动画制作出来 2. 激发学生对定格动画的兴趣，提高学生自主学习的意识和能力			
教学方法	观察法、演示法、实践法			
重点	人物角色及背景等的造型符合动画角色和环境的特点			
难点	设计出符合动画角色的造型和环境特点的画面			
媒体使用	实物投影			
教学教具	PPT、画纸、画笔			

环节	教师活动	学生活动	设计意图
导入	回顾定格动画拍摄脚本	学生观察并讲述	
探究新知	**跟随 PPT 进行随堂讲授** 1. 拟定大纲，推进课程 观看《体育测试》剧本 2. 角色的背景 性别、年龄、性格特征 **角色特点** 　欣赏剧本《体育测试》中角色 1 "爸爸"、角色 2 "女儿" 的特点	小组讨论，评价。对人物设计有初步认识 学生讨论，观赏	 了解角色设计的基本要素

[①]　本文作者：《角色设计》《分镜头创作（1）》《分镜头创作（2）》作者为鲁志梅，《场景设计》作者为张倞然。

续表

环节	教师活动	学生活动	设计意图
探究新知	"爸爸"：和蔼、幽默，较胖 "女儿"：认真、努力，敢于挑战 欣赏剧本《塑料袋的旅行》中"玉米"的造型 "玉米"：缺乏营养，无精打采 **分析剧本** 对剧本主要角色进行分析 小组讨论，教师巡回倾听	小组讨论探究	明确任务，为设定做好准备
实践创作	学生创作，教师巡回观察指导	根据自己的剧本设计人物角色	
课后总结	根据剧本分析人物角色的特点，从而进行造型设计。这一过程很好地锻炼了学生的创造能力和表现能力，由于初次进行角色设计，因此在人物设计中，很难表现出角色的性格特点，个别能力较强的学生能够将角色设计得生动有趣。能力稍弱的学生设计出的人物角色，会显得概念化、呆板，还有待于在今后的学习中进一步提高		

场景设计

课题	场景设计		课时	1 课时
教学目标	知识与技能	按照学生自己的剧本设计场景		
	过程与方法	通过欣赏分析动画片，让学生感受各种场景设计的基础原则		
	情感态度价值观	通过课堂赏析和课后探究，激发学生对定格动画的兴趣，提高其自主学习的意识和能力		
	教学方法	观察法、讨论法、演示法、探究法		
重点	根据剧本设计场景			
难点	在设计中体现作品风格			
媒体使用	实物投影			
教学教具	PPT、手机或平板电脑			

环节	教师活动	学生活动	设计意图
导入	**动画分析** 观看动画，拉片分析 大场景：例如：湖中心、远山 小场景：例如：小船上	畅谈动画，聆听他人	从学生熟悉内容入手，但每次关注的点不同
新授实践	**场景设计** 1. 场景设计的要求 场景设计应深入研究剧本，把握影视动画的主题、角色、风格、类型等，了解故事情节的时间、地点、时代背景等，确定影片的情感基调和美术风格，还要广泛收集相关资料，借鉴同类动画片的场景设计，使创作成果更接近剧本要求	根据剧本内容学习设计场景与道具 学生观看场景设计案例	培养学生研读剧本的意识，以及想象力和设计能力，在观看与提问中解决问题，突破教学难点
	2. 道具设计 师：根据剧本内容为角色设计一些道具	在拉片中观看主要道具的设计与动画片整体风格的联系	列出道具，培养学生边观察边记录边思考的良好学习习惯

续表

环节	教师活动	学生活动	设计意图
新授实践	概念：道具是角色的性格或生活的某方面的延伸和标志，也是故事情节的推动者和见证物 写出动画片中涉及的道具 3. 分组实践 将学生分组，明确任务： （1）导演 （2）造型美术组 （3）场景制作组 （4）拍摄组 （5）配音 （6）后期制作	学生分组	明确任务，为之后的拍摄做好准备
总结	分工明确，填写任务表，让学生各司其职	领取任务，认真实践	培养责任感与自信心
课后总结	可以降低场景设计的难度，让学生尝试绘制他们非常熟悉的场景，比如教室场景、操场场景、家里的场景，让学生回忆场景中都包含哪些道具，从而帮助学生总结掌握绘制场景的一般方法 学生很难独立绘制出一个完整的场景，因为一个场景当中包含的信息和内容非常多。如果时间允许，可以组织学生采取小组合作的方式绘制场景，三五个同学共同设计完成一个场景。但是在此之前应该统一场景设计的风格和剧本内容		

分镜头创作（1）

课题	分镜头创作（1）	课时	1 课时
教学目标	1. 初步了解什么是分镜头，知道分镜头创作对于拍摄定格动画的重要作用 2. 初步了解分镜头创作中镜头角度和画面构图的相关知识 3. 引导学生集体探究、团队协作，培养学生的想象力、创造力等综合能力 4. 通过了解分镜头创作，让学生进一步了解定格动画。让学生知道团队协作的重要性，学会如何在团队中发挥自身优势，共同协作完成任务		
教学方法	观察法、演示法、实践法		
重　点	知道分镜头脚本的构架，初步学习分镜头创作		
难　点	知道用分镜头的方式画出剧本里的关键帧（主要画面）		
媒体使用	实物投影		
教学教具	PPT		

环节	教师活动	学生活动	设计意图
导入	**出示连环画和分镜头画稿** 　连环画：前后画面不需要连接 　分镜头画稿：前后画面有连接，画面有拍摄镜头和声音效果等要求 　小结：分镜头简单说就是将剧本用绘画的方式表达出来。分镜头需要描绘出剧本里的关键帧，给后面的拍摄提供直接的参考依据	学生观察并总结两者不同之处	让学生通过观察对比，发现分镜头的特点，对分镜头有初步的了解，为后面的创作做好铺垫
新授实践	**了解分镜头创作包含的基本内容** 　1. 镜号：拍摄时镜头的前后序号，便于拍摄和记录 　2. 画面：画出剧本里的关	学生思考并讨论	通过对比观察，让学生直观地感受到动画片和分镜头之间的关联。了解分镜头创作的要点，解决教学重难点

环节	教师活动	学生活动	设计意图
	键帧 3. 内容：对关键帧进行效果描述，便于后面的拍摄；语言要精练、简短 4. 音效：声音效果		
	欣赏 1. 欣赏 1987 版的《葫芦兄弟》分镜头画稿 教师解读画稿内容，学生观察、倾听 2. 播放动画片《葫芦兄弟》	学生观察并小组讨论	丰富学生对定格动画相关知识的认知，进一步了解分镜头创作的相关知识
新授 实践	**进一步熟悉、了解** 1. 欣赏、分析史家实验学校定格动画工作室的学生创作的黏土定格动画《工具箱的故事》分镜头画稿 2. 播放黏土定格动画《工具箱的故事》 通过观察，你有哪些发现	小组分享观赏心得	
	探究与实践 关键动作：出示一段剧情，学生分析该段剧情的关键动作有哪些 初体验：以简单图形代表剧中角色，将剧情片段表现出来 学生创作，教师巡回指导	学生欣赏并讨论，小组代表讲述观赏心得，并总结分镜头脚本的特点	
	展示点评 重点评价关键帧的表现，为下节课做好铺垫	学生创作体验	
课后 总结	对于分镜头，学生还处于浅显的理解状态，多数学生很难将它和连环画区分开，所表现的画面连贯性不够		

分镜头创作（2）

课题	分镜头创作（2）	课时	1 课时
教学目标	1. 进一步了解分镜头创作中镜头角度和画面构图的相关知识 2. 引导学生集体探究、团队协作，培养学生的想象力、创造力等综合能力 3. 通过了解分镜头创作，让学生进一步了解定格动画。让学生知道团队协作的重要性，学会如何在团队中发挥自身优势，共同协作完成任务		
教学方法	观察法、演示法、实践法		
重　点	知道分镜头脚本的构架，初步学习分镜头创作		
难　点	分镜头里体现镜头角度和较好的画面效果		
媒体使用	实物投影		
教学教具	PPT		

环节	教师活动	学生活动	设计意图
导入	回顾上节课的内容	学生回顾、讲述	通过合作进一步了解分镜头创作
新授	**展示学生作品** 　师生共同点评		
	探究角色动作 　1. 出示上节课的剧情，思考可以用什么样的动作表现角色的情绪 　2. 根据上节课的分镜头进行"剧情表演" 　小结：分镜头要表现出关键动作 　3. 示范 　教师对上节课的分镜头作品进行修改，重点表现"关键动作的表现"	学生小组讨论 请两名同学进行表演 师生点评 请一组同学表演	通过欣赏、讨论以及动手创作进一步了解分镜头脚本创作里的各个环节的知识
	认识景别 　1. 播放短片《葫芦兄弟》 　出示对应的分镜，学生发现画面构图变化	学生讨论并讲述	

环节	教师活动	学生活动	设计意图
新授	小结：画面景物有大、小、远、近变化 板书：特写、近景、中景、远景、全景 2. 探究 出示图片，讨论近景和特写给人什么视觉感受 强调情绪，突出特点 远景：辽阔、深远 中景、全景：是使用最多的景别 3. 出示上节课的剧情 小组讨论，教师倾听，参与讨论	小组讨论本组剧本并进行任务分配，团队协作 小组分享，师生点评	
	分析各自的剧本 标注需要强调情绪的文字（示范）	学生观察，小组讨论	
	示范、点拨 总结学生讨论的最具代表性的"问题"进行示范讲解 重点强调"关键动作的表现""景别的运用""连贯性"		
	学生创作实践 学生创作，教师巡回观察、指导		
课后总结	根据上一堂课的跟进，本堂课所要解决的景别问题得到了一定的改善。镜头画面有了景别的变化，使得镜头画面更加生动，画面感更强。通过这一堂课的学习，学生的作业质量有明显的提升，但是在画面和画面动作的衔接上还不够细腻，个别学生所创作的分镜看起来更像绘本。针对这一问题，还需要在日后的教学中进一步加强学习		

人物形象制作、环境与场景制作①

人物形象制作

课题		人物形象制作	课时	1～3 课时
教学目标	知识与技能	1. 根据学生绘制的人物形象三视图的正面、侧面、背面进行立体的想象，并根据比例进行制作 2. 使用不同材料进行制作		
	过程与方法	1. 通过三视图的基本形态进行制作 2. 通过对比不同材料学习制作		
	情感态度价值观	让学生能够喜爱定格动画		
	教学方法	观察法、演示法、实践法		
重点		将平面变成立体		
难点		人物制作精良		
媒体使用		实物投影		
教学教具		定格动画影片		

环节	教师活动	学生活动	设计意图
导入	展示学生的三视图，教师点评。学生讨论怎么制作	学生发言，介绍制作的方法、流程，使用材料等	导入课题
新授	1. 教师展示范例《我和姥爷》的三视图和黏土人偶	学生观看、讨论、学习	完成教学目标"知识与技能"中的第 1 点

---

① 本文作者：《人物形象制作》《环境与场景制作》作者为张倞然，《小人偶创作（1）》《小人偶创作（2）》《原创笔筒》作者为鲁志梅，《玩偶制作——姓名牌》《玩偶制作——卡通笔》《玩偶制作——便签夹》作者为韩春明，《道具制作——收纳盒》《道具制作——杯子垫》《道具制作——小挂饰》作者为徐雪颖。

环节	教师活动	学生活动	设计意图
新授	2. 角色的制作方法和案例：骨架对于定格动画中人偶的作用相当于骨骼对于人体的作用 　　材料：金属丝（铝丝、铜丝、铁丝等），医用胶带、万能黏土等。根据人物角色设计稿的比例大小，绘制出与定格动画角色1∶1的骨骼结构图。根据骨骼设计稿上人偶的实际尺寸，把多股铝丝拧在一起，截成相对应的几段，作为手臂、身子、大腿、手掌的骨骼。在需要替换备用的铝丝两端，用速成钢固定一节方铜管。如容易断裂的肩膀与手臂之间、大腿与胯骨之间、手腕和手掌之间等都可以用方铜管连接，以便于替换。把做好的骨架都组装在一起，在人偶骨架外面裹上一层海绵或者泡沫，用医用胶布粘贴固定，作为人偶肉体的填充物。人偶头部的制作原理和身体的制作基本相同。由于头部直接暴露在外面，不像身体有衣服掩盖，因此我们需要更加细致。头部制作要用到泥质黏土，可以根据不同的效果需求去选择泥质材料	学生学习，观看课件、案例	

环节	教师活动	学生活动	设计意图
新授	3. 使用不同材料制作人物的服装	学生观看教师演示	完成教学目标"知识与技能"中的第 2 点
	4. 教师布置课后作业。根据老师讲解的内容，在课堂上完成一部分制作，没有做完的课后完成	学生收拾教室卫生	通过布置课后作业让学生复习本节课学习的内容
课后总结	学生可以尝试使用不同的材质制作人偶，比如先从简单的卡纸开始练习平面人物作品，然后用软陶、黏土制作立体人物等。重点是人物的骨架、各部分的比例关系、细节的呈现等		

小人偶创作（1）

课题	小人偶创作（1）	课时	1 课时
教学目标	1. 了解人偶制作的特点，深入学习按照三视图来进行制作 2. 引导学生集体探究、团队协作，培养学生的想象力、创造力等综合能力		
教学方法	观察法、演示法、实践法		
重点	按照三视图进行设计制作，制作力求精致，有一定的美感		
难点	制作精致，有一定的美感		
媒体使用	实物投影		
教学教具	PPT		

环节	教师活动	学生活动	设计意图
导入	以人偶的模型为例介绍三视图，复习三视图的作用和绘制方法	观察与倾听	为后面的环节做铺垫
新授	1. 示例两件人物绘画作品，并让学生讨论这两张绘画作品如何做成人偶，以此引出人偶的侧面、正面、背面图。总结出人偶是立体三维的 2. 观察分析 出示人偶实物和设计的三视图，通过直观对比，发现三视图的侧面特点 3. 教师示范 教师以正面画为参考，设计三视图中的另外两个面。强调绘制中另外两个面的人偶图像比例要和正面基本一致 4. 小组讨论 以小组为单位，讨论各组人偶图稿，并分析其特点	学生观看并进行小组讨论，集思广益	了解本环节的任务。教师示范意在解决教学重难点

环节	教师活动	学生活动	设计意图
新授	教师巡回倾听，给予指导 5. 个别讲述 请学生讲述自己的构思，教师给予肯定和适当的建议	学生讨论各自构思	
学生创作	教师巡回观察，随时指导	学生设计自己的人偶造型	
课后总结	绘制三视图，能够很好地锻炼学生的空间思维能力。在学习中，对于人偶的正面造型设计，学生基本上都能够表现出来，但是对于侧面造型的表现有一定的难度，多数学生会将侧面的人物造型画成扁片状。通过示范讲解等教学方法，学生能够明白侧面人物造型需要关注到的地方，比如翘起的鼻头和鼓起的肚子、裙摆等。通过讲授，学生基本上能够表现出侧面的造型特点		

小人偶创作（2）

课题	小人偶创作（2）	课时	1 课时
教学目标	1. 了解人偶制作的特点，深入学习按照三视图来进行制作 2. 引导学生集体探究、团队协作，培养学生的想象力、创造力等综合能力		
教学方法	观察法、演示法、实践法		
重点	按照三视图进行设计制作，制作力求精致，有一定的美感		
难点	制作精致，有一定的美感		
媒体使用	实物投影		
教学教具	PPT		

环节	教师活动	学生活动	设计意图
导入	以人偶的模型为例，介绍三视图，复习三视图的作用和如何绘制	观察与倾听	为后面的环节做铺垫
新授	1. 示例 出示两件人物绘画作品，请学生讨论这两张图要如何做成人偶 小结：三视图正面和另外两个面的人偶图像比例要基本一致 2. 观察分析 出示人偶实物和设计的三视图，通过直观对比，发现三视图的侧面特点 引导：设计图在制作中哪些部分制作起来有难度 3. 欣赏"手办"优秀作品 引导：这些作品中你认为哪个最好？你认为如何做才能制作出来？ 教师倾听，并给予意见	学生观看、进行讨论、观察、思考，集思广益	了解本环节的任务

环节	教师活动	学生活动	设计意图
新授	4. 教师示范 （1）出示一幅典型的人偶正面设计图，总结典型问题，集中讲解和示范 （2）衣服（裙子）蓬起来的效果制作技法 （3）线的制作技巧 （4）支架的运用 5. 教师示范点拨	学生讨论并讲述	
学生创作	1. 以小组为单位，讨论各组人偶图稿，分析特点 教师巡回倾听，给予肯定和适当的建议 2. 学生实践，教师巡回观察，随时指导	学生讨论各自构思，请学生讲述自己的构思	教师示范，意在解决教学重难点；学生参与讨论，集思广益
课后总结	根据三视图来制作人偶，从平面到立体的转化，锻炼学生的空间思维。在制作人偶的过程中，掌握软陶的造型技巧。通过试错、观摩、探究等方式，学生最终能按照设计图纸的样子制作出人偶，但是在细节处理上，比如衣褶、裙摆等蓬松的造型效果，还需要教师进一步示范、指导		

原创笔筒

课题	原创笔筒	课时	1 课时
教学目标	1. 能够完成原创笔筒的设计，参照设计图制作出一个笔筒 2. 激发学生黏土制作的兴趣，提高手眼协调能力、动手能力、自主学习能力		
教学方法	观察法、演示法、实践法		
重点	巧妙地依据纸筒的形状进行构思，完成一件软陶笔筒作品		
难点	造型有特点的笔筒		
媒体使用	实物投影		
教学教具	PPT、画纸、画笔、软陶、纸筒		

环节	教师活动	学生活动	设计意图
探究新知	**设计笔筒三视图** 1. 出示纸筒 引导：单个纸筒、多个纸筒组合，你会有哪些组合、哪些联想 2. 欣赏作品，拓展思路 结论：利用"加法""减法"的方式对纸筒进行改造 3. 出示半成品设计图 教师点评；继续启发，结合软陶如何改造 4. 教师示范，制作步骤点拨 描绘草图，添画出细节，强调依形改造，要合理、美观 5. 学生实践 思考怎样改造纸筒并讲述，教师给予意见 学生实践，教师巡回观察、随时指导	学生观察、讨论并讲述 学生依据纸筒原有形状进行联想	为后面的纸筒设计做铺垫；学生参与讨论，集思广益

环节	教师活动	学生活动	设计意图
探究 新知	**制作笔筒** 1. 展示三视图设计稿 集体讨论，作品最特别的设计在哪儿？设计稿有何问题 2. 针对有典型特点的作品进行点评，启发学生 强调从整体到局部 3. 技法点拨 （1）先整体后局部 （2）软陶与纸筒黏合时用力恰当，不能过于用力 （3）合理使用工具，制作精致，不能粗枝大叶 4. 实践创作 学生创作，教师巡回观察，随时指导 及时提醒借助工具，避免在软陶上留下手指印等	学生讨论、观察、实践创作	教师示范，意在解决教学重难点
课后 总结	通过改造纸筒的外形——做成美观、新颖、有趣的笔筒，提升学生的创造能力和动手能力。在制作学习中，使用"加法"对笔筒外形进行改造较为容易，而使用"减法"对笔筒外形进行改造，在制作中相对有难度。利用软陶，对改造好的纸筒进行包装变成新的造型，这一过程非常有趣，学生也能从中获得很大的成就感		

玩偶制作——姓名牌

课题		玩偶制作——姓名牌	课时	1~2 课时
教学目标	知识与技能	1. 运用揉、搓、压、按等基本技法，独立设计、制作姓名牌 2. 在基本型中进行构图，符合制作的条件和构图技法		
	过程与方法	1. 观看影片，欣赏玩偶造型，分析玩偶形象 2. 以一个统一的造型为主，讨论交流制作姓名牌的创作要素		
	情感态度价值观	通过赏析和动手实践，培养学生的创造性思维和自主学习能力		
	教学方法	观察法、讨论法、探究法、演示法		
重点		姓名牌的制作技巧		
难点		熟悉软陶的特性，制作个性化的姓名牌		
媒体使用		实物投影		
教学教具		PPT		

环节	教师活动	学生活动	设计意图
导入	**动画赏析** 　视频：《工具箱里的故事》 　师：请说说你从这部动画中看到了什么；并结合动画里的玩偶形象，分析造型特点	赏析动画，探讨交流	培养学生的观察能力和语言表达能力
新授	**图纸设计** 　1. 出示老师制作的姓名牌 　2. 讲解制作过程 　3. 听了老师的制作过程，你认为在制作时应该先做哪件事情 　4. 画图纸的时候应该注意什么	1. 图纸：把设计的图案画在基本型中 　2. 考虑到用盘条的方法，应在图中留出位置，盘外形时，要盘在基本型的边缘处 　3. 按照讨论的结果绘画图稿	1. 体会制作图纸的重要性 　2. 认识图纸与图画的区别 　3. 掌握绘制图纸的方法
	讨论 　在制作时应注意的问题	1. 按照自己的选择，确定软陶颜色 　2. 揉搓软陶，变成你想要的粗细程度	1. 通过实践挖掘身边工具更深层次的使用技巧 　2. 养成做事情有序的好习惯

环节	教师活动	学生活动	设计意图
新授		3. 讲授盘条的技巧 4. 盘外形 5. 用工具进行整理 学生按照图纸对原材料进行选择和制作	
	小结 1. 讲授组合制作的技巧 2. 在学生进行实践活动时给予适当指导	1. 学生分组制作 2. 互相交流制作经验，互相学习	掌握制作的技巧
总结	在学生交流过程中，发现学生在制作中遇到的共性的问题，引发深层探究	1. 学生互相参观交流 2. 欣赏同学的作品，你有哪些收获 （1）技法上的 （2）形式上的	学生了解多种表现形式。在玩偶制作中更重要的是体现出自己的制作风格
课后总结	这是一、二年级学生的第一个手工作品，在颜色搭配上能看出孩子的心理状况，也能看出学生的动手能力。在实践过程中，可以看出学生很喜欢动手制作，使学生对玩偶制作产生浓厚兴趣		

玩偶制作——卡通笔

课题	玩偶制作——卡通笔	课时	1~2 课时

教学目标	知识与技能	1. 学习卡通笔的设计并完成制作 2. 在卡通笔制作的基础上创新，例如颜色的变化、组合的变化等
	过程与方法	学生在参与活动过程中掌握技能、学习工具的使用技巧，与小伙伴合作，培养创新意识，增强小组合作意识
	情感态度价值观	学生通过对卡通笔的设计实践活动，在设计、绘制画稿、制作等过程中，熟悉工具的使用、不同材料的基本性能，与同学交流等能力不断加强
	教学方法	观察法、讨论法、探究法
重点		卡通笔的个性化制作
难点		结合画稿，制作造型各异的卡通笔
媒体使用		实物投影
教学教具		PPT

环节	教师活动	学生活动	设计意图
导入	**动画赏析** 　视频：《阿凡提的故事》 　师：请用自己的话来说说这部动画中阿凡提的造型特点，以及制作玩偶使用的材料是什么	赏析动画，探讨交流	培养学生的观察能力和语言表达能力
新授	**展示卡通笔的成品** 　教师展示制作好的卡通笔，引导学生讨论如何制作	1. 学生根据要求，设计自己的卡通笔造型 2. 根据自己的喜好选择喜欢的颜色	设计一支造型可爱的卡通笔
	设计、制作卡通笔 　1. 准备好自己设计好的卡通笔 　2. 根据设计，看看需要哪些材料、哪些工具，在制作时有哪些注意事项	制作时注意事项： 　1. 取完材料及时盖盖子 　2. 在使用前要将超轻黏土进行拉、折，使材料中的水分充分融合	在玩偶制作中，每个人都会根据自己的想法做出不同的作品，培养学生的创造力

环节	教师活动	学生活动	设计意图
新授	**小结** 1. 讲授组合制作的技巧 2. 在学生进行实践活动时给予适当指导	1. 学生可以分组制作 2. 互相交流制作经验，互相学习	掌握制作技巧
总结	在学生交流过程中，发现多种组合形式，引发深层探究	欣赏同学的作品，你有哪些收获	学生了解多种表现形式，在玩偶制作中更重要的是体现出自己的制作风格
课后总结	在玩偶制作中，每个人都会根据自己的喜好制作出造型不同的作品。在制作时除了要选择材料的颜色之外，还要突出作品的个性特点，并且运用到动画片的主要人物中		

玩偶制作——便签夹

课题	玩偶制作——便签夹	课时	1～2课时
教学目标	知识与技能	1. 学习便签夹的设计并完成制作 2. 在便签夹制作的基础上创新，例如颜色的变化、组合的变化等		
	过程与方法	学生在参与活动过程中掌握技能、学习工具的使用技巧，与小伙伴合作，培养创新意识，增强小组合作意识		
	情感态度价值观	学生通过便签夹的设计实践活动，在设计、绘制画稿、制作等过程中，熟悉工具的使用、不同材料的基本性能，与同学交流等能力不断加强		
	教学方法	观察法、讨论法、探究法		
重点	便签夹制作的个性化			
难点	结合画稿，制作各种造型的便签夹			
媒体使用	实物投影			
教学教具	PPT			

环节	教师活动	学生活动	设计意图
导入	播放定格动画片《香蕉三人行》，从动画片中观察玩偶香蕉后面悬挂着的一个名字牌 师：今天我们利用学过的技巧，把名字设计在便签上，完成便签夹的制作	学生讨论制作过程： 1. 形式 2. 制作内容 3. 颜色选择	1. 进一步熟悉玩偶制作的方法 2. 学生根据自己制作的玩偶的形象选择材料的颜色
新授	**教师展示便签夹的成品** 教师展示成品便签夹，引导学生讨论其制作过程	1. 学生讨论制作过程 2. 讨论注意事项 3. 学生制作	设计一个便签夹
	演示便签夹、玩偶与底托的组合 1. 准备好自己制作好的玩偶和底托 2. 根据你的设计，需要哪些材料、哪些工具，在制作时有哪些注意事项	1. 学生观看演示过程，倾听注意事项 2. 制作、组合	掌握不同材料的特性，利用工具进行组合

续表

环节	教师活动	学生活动	设计意图
新授	**演示玩偶、照片、名字的组合** 　　教师示范玩偶、照片、名字的组合过程，并讲述注意事项	1. 学生观看演示过程，倾听注意事项 2. 在制作、组合时，注意工具和机器的使用 3. 学生发表课程感言。可以是收获，也可以是制作中出现的问题，并如何解决的	掌握制作材料的特性，文字、照片、玩偶的组合技巧
总结	在学生交流过程中发现拓展的内容，引发深层探究	1. 学生互相参观交流 2. 看了别人的作品，你有哪些收获 3. 作品与生活相联系，如何美化我们的生活环境	
课后总结	便签夹的制作是从单独一个作品组合成一个具有情景式的作品，在两种材料的使用和制作中，学生还需进一步学习、实践，为动画片中多种材料相结合制作玩偶打基础		

环境与场景制作

课题	环境与场景制作	课时	1~3 课时
教学目标	知识与技能	1. 使用不同材料进行环境、场景、道具的制作 2. 学习感受环境与场景制作的风格化	
	过程与方法	1. 通过分析案例讲解制作技巧 2. 分析风格化的学生作品	
	情感态度价值观	让学生能够喜爱定格动画	
	教学方法	观察法、演示法、实践法	
重点	环境与场景的制作		
难点	风格化的表现方法		
媒体使用	实物投影		
教学教具	定格动画影片		

环节	教师活动	学生活动	设计意图
导入	请同学们展示并交流上节课的作业，简单说一说上节课内容（8~10 分钟） 将收上来的人物/道具/场景根据小组进行下发并点评	学生发言，展示交流；学生互评	温故知新
新授	1. 用不同的材料制作不同的道具 　我们可以用不同的材料进行制作，不管是人物、道具，或者是场景，它们在被拍摄成动画后，表现出的趣味性也是不同的 　《雨伞》中使用剪纸组成的背景显现出下雨的环境，并且和黏土做的人物产生鲜明的对比 　还有泥质道具，多采用软陶泥制作而成。下面以软陶泥为例介绍一下泥质道具的制作过程	1. 学生学习 　《黑孩子》中使用树皮和稻草组成的屋顶展示出非洲落后的生活环境，总结制作的风格化特点 　2. 在纸箱中制作	完成教学目标"知识与技能"中的第1点

环节	教师活动	学生活动	设计意图
新授	首先用压泥机将软陶泥由块状压扁，加入软化油，反复三四次，直到泥的软硬程度适合塑形为止。然后捏出物体大形，用亚克力棒等雕刻工具精细塑形。最后放入烤箱烘烤 3~4 次，每次 4 分钟左右，烤完后上色		
	2. 动画赏析 动画片《快乐的一天》中，创作者用自己的形象，以常见的纸张为原材料，通过绘画、裁剪、拼贴的方法创作出动画片的主角，让整部动画片看起来更加生动有趣 动画片《快乐的一天》中，作者绘制了丰富有趣的道具配合人物演出	1. 学生学习并根据教师讲解的内容举例回答问题	完成教学目标"知识与技能"中的第 2 点
	3. 背景 室外场景的最底层是所有场景视觉效果的基础。根据场景视觉效果的需要，背景图片可以是天空，也可以是远方的景观。背景通常绘制在一块蒙在木框上的幕布上，并且放在场景模型的后面	2. 学生学习并根据教师讲解的内容举例回答问题	通过教师讲解，学习定格动画的表现方法
实践	教师布置课后作业	学生根据教师讲解的风格化知识完成自己的作品	通过布置课后作业，让学生复习当天学习的内容
课后总结	环境与场景制作需要大量的实践和时间来完成，学生可以分组制作，一个小组完成一个环境场景道具的制作		

道具制作——收纳盒

课题		道具制作——收纳盒	课时	1～4 课时
教学目标	知识与技能	1. 通过欣赏定格动画片，激发学生的学习兴趣 2. 学习收纳盒的制作方法 3. 在学习收纳盒制作的基础上进行创新，例如形状的变化、形式的变化等		
	过程与方法	学生在参与活动过程中掌握技能、学习工具的使用技巧等		
	情感态度价值观	与小伙伴合作，培养创新意识，增强小组合作意识		
	教学方法	观察法、演示法、实践法		
重点		收纳盒的制作过程		
难点		利用图纸裁剪出需要的材料		
媒体使用		多媒体设备		
教学教具		定格动画影片、直尺、铅笔、卡纸、剪刀、不织布、手缝针、各色线、各种装饰小物件		

环节	教师活动	学生活动	设计意图
活动一	1. 展示老师制作的收纳盒 2. 讲解制作过程 3. 听了老师的制作过程，你认为在制作时应该先做哪件事情 4. 做图纸的时候应达到哪些要求 5. 图纸和图画有什么区别	学生讨论 1. 图纸的尺寸是1∶1，制作好的成品应与图纸一样大小 2. 考虑到用缝制的方法完成，应在图中留出缝缝。缝缝的多少应与材料有关，一般不织布的缝缝是 0.5 厘米 3. 按照讨论的结果制作图纸	1. 体会图纸的重要性 2. 认识图纸与图画的区别 3. 掌握绘制图纸的方法
活动二	讨论：在裁剪时应注意的问题	1. 剪刀压线裁剪 2. 在裁剪时用剪刀刀刃的根部 3. 不要浪费材料 4. 裁剪时尽量用大臂带动小臂，从而完全控制剪刀	1. 学会剪刀这种工具更深层次的使用技巧 2. 养成做事情有序的好习惯

续表

环节	教师活动	学生活动	设计意图
活动二		5. 裁剪各种材料，注意码放整齐，物品按功能分区，做到整齐有序 6. 学生按照图纸对原材料进行裁剪	
活动三	1. 讲授缝制技巧 2. 在学生进行实践活动时给予适当指导	学生缝制	掌握缝制技术
活动四	在学生交流过程中，发现焦点问题，引发深层探究	1. 学生互相参观交流 2. 看了别人的作品，你有哪些收获？ （1）技法上的 （2）形式上的	学生虽然只做了一个作品，但要了解，一套技法可以有多种表现形式，在道具制作中要根据剧情发生变化
课后总结	本节课虽然只教授一个道具的制作过程，但是教师在授课中要能够举一反三。在一部定格动画片中，许多的道具在制作中有共性，也有特性，教师需要在授课中引导学生找出共性并进行总结，以便在之后的制作中学以致用		

道具制作——杯子垫

课题	道具制作——杯子垫	课时	1～4 课时

教学目标	知识与技能	1. 通过欣赏定格动画片，激发学生的学习兴趣 2. 学习杯子垫的制作方法并完成制作 3. 在杯子垫制作的基础上创新，例如形状的变化、形式的变化等
	过程与方法	在参与活动过程中掌握技能、学习工具的使用技巧
	情感态度价值观	在活动中学会与小伙伴合作，培养创新意识，增强小组合作意识
	教学方法	观察法、演示法、实践法
重点		杯子垫的制作过程
难点		利用图纸裁剪出需要的东西
媒体使用		多媒体设备
教学教具		定格动画片、直尺、铅笔、A4 纸、硫酸纸、剪刀、不织布、手缝针、各色线、各种装饰小物件

环节	教师活动	学生活动	设计意图
活动一	教师展示杯子垫的成品	学生讨论制作过程：通常半成品都是裁剪好的，只需按要求进行下面的操作就好 讨论针法：平针法，注意开头和结尾的线头和打结要处理好 学生制作杯子垫	掌握手工缝纫技法
活动二	同学们制作的杯子垫特别漂亮，但是我们在制作道具时，作品是否符合剧情的需要？ 请设计剧情，完成创作杯子垫	按照要求，设计杯子垫 尺寸要求：直径 10 厘米～13 厘米 设计要求： 1. 在表布上进行设计，衬深色底布 2. 在设计中要有主题元素	根据剧情需要，自行完成制作图纸的任务

环节	教师活动	学生活动	设计意图
活动二		3. 考虑到杯子垫的功能性，不要做立体造型，保证杯子垫表面的平整 4. 学生按要求完成图纸创作	
活动三	同学们都制作了杯子垫的图纸，有人愿意展示一下吗？请同学根据老师提的要求进行点评 老师在制作时图纸不小心被裁坏了，可是我还想做一个，或者第一次没制作成功，不符合剧情需要，这时图纸已经没有了，请同学帮老师想个办法	学生讨论、点评修改图纸 学生讨论： 这种问题在道具制作中经常遇到，需要我们制作的同学未雨绸缪，图纸修订好后留下原稿备用 学生用硫酸纸拓印原稿。注意：要与图纸一点不差，像复印的一样，同时还要写清材料的应用、标注尺寸、做法等	做事情要有计划，尤其是道具制作，每个道具都要有图纸留存，以备在拍摄时可以重复使用
活动四	请同学们准备好自己设计好的杯子垫的图纸 请你说一说，根据你的设计，需要哪些材料、哪些工具？在制作时有哪些注意事项	学生讨论	分享、进一步发现问题，为制作做充分准备
课后总结	在道具制作中，每个人都会根据剧情需要做出不同的作品，我们在拍摄时除了考虑作品的精美度外，更要考虑它是否符合剧情的需要。学生会沉浸在自己的作品中，从而忽视了剧情的需要，在这方面要突出强调		

道具制作——小挂饰

课题	道具制作——小挂饰	课时	1～3 课时
教学目标 知识与技能	1. 通过欣赏定格动画片，从而喜欢学习定格动画课程 2. 学习挂饰的制作并完成制作 3. 在平面制作、立体制作的基础上进行创新		
教学目标 过程与方法	学生在参与活动过程中掌握技能、学习工具的使用技巧等		
教学目标 情感态度价值观	与小伙伴合作，培养创新意识，增强小组合作意识		
教学目标 教学方法	讲授、讨论、欣赏、互动、合作、制作等		
重点	道具挂饰的制作		
难点	利用图纸裁剪出需要的东西		
媒体使用	实物投影		
教学教具	定格动画影片，直尺、铅笔、A4 纸、硫酸纸、剪刀、不织布、手缝针、各色线、各种装饰小物件		

环节	教师活动	学生活动	设计意图
设计挂饰、拓印图纸	**播放视频** 在动画片中小朋友的书包上有一个挂饰，同学们看清楚了吗 我们利用学过的技术完成挂饰的制作	1. 学生讨论制作过程 2. 画图纸 3. 拓印图纸	进一步熟悉道具制作的步骤
选择材料、制作挂饰	教师展示道具挂饰的成品	1. 学生讨论制作过程、注意事项 2. 讨论针法：平针法，注意开头和结尾的线头与打结要处理好 3. 学生制作挂饰	掌握手工缝纫技法
课后总结	挂饰的制作是从平面到立体、从规则图案到不规则图案的过渡，还需进一步跟进		

拍摄与配音、后期合成[①]

了解定格动画的拍摄

课题	了解定格动画的拍摄	课时	1 课时

教学目标	知识与技能	初步了解定格动画的拍摄，并且知道定格动画拍摄是最后的展示环节，与其他环节息息相关
	过程与方法	采取参观的方式，希望通过"定格动画"这一主题实践活动让每一位学生能够深入的了解定格动画
	情感态度价值观	通过参观定格动画教室，养成乐于实践、善于探究的习惯，培养解决问题的能力，提高学生的核心素养
	教学方法	观察法、讨论法、探究法
	重点	知道定格动画拍摄与其他环节的关系
	难点	知道定格动画拍摄与其他环节的关系
	媒体使用	电教设备、PPT、平板电脑
	教学教具	动画片场景、拍摄灯、支架等、原创动画片

环节	教师活动	学生活动	设计意图
导入	教师带领学生进行参观，并布置任务：参观结束后，请同学们说出制作定格动画的流程是什么	1. 认真听取讲解 2. 认真观察教室细节	通过任务驱动，请学生带着任务进行参观
环节一 剧本编写	在参观开始之前，请学生先简单写下一个五句话以内的故事作为剧本，主要运用"谁，在什么时候，干了什么事情"的句式	1. 利用固定句式进行剧本的编写 2. 知道剧本采用非常简单的语句	使学生知道剧本是什么以及怎么编写，为之后自己编写剧本奠定基础

---

① 本文作者：《了解定格动画的拍摄》《拍摄——制作班徽》《拍摄——动画原理》作者为梁琪，其余文章作者为张振华。

续表

环节	教师活动	学生活动	设计意图
环节二 分镜头绘制	参观分镜绘制教室，了解如何将手中的剧本变成分镜头剧本。知道分镜头剧本包括时间、景别、镜头运动等这几个必备元素	仔细观看教室墙面的分镜头剧本，观察分镜头剧本包含哪些内容，并思考自己该如何绘制分镜头剧本	使学生知道分镜头剧本的结构，为之后绘制自己的分镜头剧本奠定基础
环节三 玩偶道具制作	参观玩偶道具制作教室，了解玩偶、道具的作用，并知道玩偶、道具制作的标准，知道定格动画拍摄与玩偶、道具制作的相互关系	仔细观看教室中陈列的作品，注意观察拍摄过动画片的玩偶和道具的制作，了解玩偶、道具在拍摄中的重要作用	使学生知道玩偶、道具与拍摄的相互关系
环节四 拍摄后期	参观拍摄教室，教师介绍动画片的拍摄场景，演示定格动画拍摄的简单步骤	仔细观看教室的场景陈列，知道定格动画拍摄的简单原理	激发学生对拍摄的兴趣
环节五 配音配乐	参观配音配乐教室，教师介绍配音配乐的工具	知道配音配乐在定格动画片制作中的作用	使学生知道配音配乐的作用
课后反思	本节课的目的很明确，就是让学生了解定格动画各环节是一个整体，任何一个环节出现错误或者问题，都会影响拍摄的质量。同样，拍摄也是前几个环节的展示，所以除了让学生明白定格动画的整体性，还要强化学生认真负责的意识		

拍摄——制作班徽

课题	定格动画拍摄——制作班徽	课时	1 课时

教学目标	知识与技能	在正式进行学习之前，每位同学制作一个自己设计、自己制作的课程徽章		
	过程与方法	通过制作班徽，锻炼动手能力和想象力		
	情感态度价值观	养成乐于实践、善于探究的习惯，培养解决问题的能力，提高学生的核心素养		
	教学方法	班级授课、黏土制作		
重点		知道定格动画拍摄徽章蕴含的意义		
难点		知道定格动画拍摄徽章蕴含的意义		
媒体使用		PPT		
教学教具		A4 纸、画笔、黏土		

环节	教师活动	学生活动	设计意图
引入	1. 教师提问：学生最喜欢的动画人物是什么，为什么 2. 教师展示徽章的图片，请学生观察徽章的特点，并提议用它作为班级徽章，并说明原因	1. 学生思考并回答 2. 学生观察徽章图片，说出图中徽章的特点 3. 记录徽章的寓意	为制作做准备
环节一 设计小黄人	教师展示徽章的图片，请学生观察图中徽章的共同特点 教师提问： 1. 如何为这个造型做个性化的装饰 2. 还有哪些方法可以体现个性化 教师提议可以对拍摄的影片进行装饰，并解释图中徽章的寓意：图中造型大眼睛，预示着我们用镜头去观察生活、了解世界	1. 图中造型的共同特点是黄色的头，戴眼镜 2. 可以为这个造型加上帽子、围巾、表情等装饰，变成自己班级独有的徽章造型 3. 写名字 4. 学生设计：在徽章下方采用胶片方式制作名牌	在制作过程中理解班级徽章的寓意

环节	教师活动	学生活动	设计意图
环节二 制作小黄人	教师先指导学生制作脸和眼睛 　脸：球——黄色"烧饼" 　眼睛：黑色外、灰色内、围白色眼睛 　教师指导学生制作圆形、三角形、条形等基本形状，以便学生在基本型状的基础上制作装饰 　教师指导学生制作名牌	1. 制作脸和眼睛，并进行组合 2. 学习后制作装饰 3. 做名牌，待干透后写上自己或班级的名字	学习一些基本的制作手法
环节三 班级分享	请同学们分享自己制作的徽章，并说一说为什么这么装饰	班级分享	
课后 总结	本节课目的明确，即在理解徽章寓意的基础上制作拥有个性的班级徽章。这对于学生来说非常有意义。有设计图有实体，更能培养学生的计划性，同时也使学生间接理解三视图，从而为拍摄做准备		

拍摄——动画原理

课题	拍摄——动画原理		课时	1 课时
教学目标	知识与技能	对定格动画拍摄的相关问题进行更加深入的实践研究		
	过程与方法	通过看视频和制作翻页动画的方式理解定格动画原理		
	情感态度价值观	养成乐于实践、善于探究的习惯，培养解决问题的能力，提升学生的核心素养		
	教学方法	班级授课		
	重点	能够自己制作并编辑翻页动画		
	难点	能够自己制作并编辑翻页动画		
	媒体使用	PPT		
	教学教具	翻页纸、笔、翻页动画稿		

环节	教师活动	学生活动	设计意图
引入	教师提问学生：为什么动画片能动	学生思考并回答	
环节一	教师请学生观看《动画片原理》的视频，了解动画片的基本原理 教师提问：想让动画动起来自然，要注意什么	1. 认真观看视频，知道动画片的原理是视觉暂留 2. 学生通过视频了解到主体位置不能动，镜头不能晃，动作幅度要小	学生了解定格动画最核心的理论内容，为学习翻页动画做准备
环节二 绘制翻页动画	教师给学生提供翻页动画的画稿，请学生根据画稿绘制，并回忆动画和翻页动画需注意的地方	1. 回忆要点 2. 绘制翻页动画	为拍摄定格动画进行最基础的训练
环节三 制作动画片	教师为学生提供学习步骤，学生按照步骤对自己的翻页动画进行翻拍，然后导出动画，进行初级编辑	根据自主学习步骤学习拍摄软件的使用	感受动画的奇妙
环节四 班级分享	请学生分享自己制作的视频，相互提出意见和建议	展示动画视频	

课后 总结	本节课内容是定格动画课程中比较重要的内容，学生在知道动画原理之后亲手操作，其兴趣得到非常有效的调动，并且热情极高。自己制作的动画无论效果如何，都让学生得到了很大的成就感。在合成视频的过程中，学生充分理解了需注意的几件事情，尤其是主体位置不动。学生在尝试并经历失败之后，对此印象非常深刻

配音配乐——认识设备

课题	配音配乐——认识设备		课时	1~2课时
教学目标	知识与技能	1. 认识录音设备 2. 熟悉使用方法		
	过程与方法	1. 讲演法传授设备操作 2. 实践法熟悉设备操作		
	情感态度价值观	通过课程学习，学生能够了解录音设备与录音软件的使用方法，提升自主探究能力		
	教学方法	自主探究发现问题、解决问题		
重点		认识录音设备		
难点		熟悉使用方法		
媒体使用		多媒体教学演示系统		
教学教具		播放器、录音设备、MIDI设备		

环节	教师活动	学生活动	设计意图
导入	**实物问答** 　谁能说说老师手中设备的名称 　你还知道生活中有哪些类似的设备	回答问题，探讨交流	培养学生的观察能力和总结能力，以及发现生活中有效信息的能力
新授	1. 介绍录音常用设备（调音台、监听音箱、话筒、话筒架） 　2. 讲解设备的使用与操作方法 　3. 指导学生操作 　4. 教师答疑，交流研讨 　5. 评价并指出学生操作问题	1. 观察录音常用设备 　2. 聆听设备的使用与操作方法 　3. 实践操作，提出疑惑，总结交流	认识并熟练操作录音设备是确保录音的关键，是常用且实用的技能，对于进一步的录音操作起着关键的作用
总结	录音设备与家用或移动音频设备有所不同，通过比较，学生逐渐学会分辨。但对于专业录	学生在课堂上通过实践运用能够初步掌握录音设备的操作流程	培养学生的观察能力和动手操作能力，并能提出问题、解决问题，获得收获

续表

环节	教师活动	学生活动	设计意图
总结	音设备的名称和实用方法以及正规操作流程的掌握，则需要长期实践		
课后总结	学生可以学到实用的技能，能够基本掌握日常大型活动中使用的音响设备的操作与注意事项。大部分学生很感兴趣，但操作上仍需多次反复练习		

配音配乐——配乐朗诵

课题	配音配乐——配乐朗诵	课时	1~2课时

教学目标	知识与技能	1. 熟练准确地阅读文章 2. 有感情地配乐朗诵
	过程与方法	1. 欣赏法分析背景音乐情绪 2. 讨论法确定朗诵方式 3. 实践法录制配乐朗诵
	情感态度价值观	通过课程学习，学生能够结合音响与朗诵，细心感知情绪，提升基础配音能力，提升艺术审美感知能力
	教学方法	有感情地朗读文章，选择合适的背景音乐，完成录音作品
	重点	有感情的准确朗读
	难点	录制完整配乐朗诵片段
	媒体使用	多媒体录音软件
	教学教具	播放器、录音设备

环节	教师活动	学生活动	设计意图
导入	问答： 1. 谁能说说朗读与朗诵的区别 2. 如何选择朗诵的背景音乐	回答问题，探讨交流	培养学生发现问题、解决问题的能力，鼓励在问题中探索解决方法
新授	1. 播放提供的背景音乐（聆听背景音乐，分析音乐情绪情感与描写的意境） 2. 发放朗诵文章（提前准备好情绪与风格不同的文章） 3. 引导答疑（指向文章的情绪与中心思想） 4. 组织学生实践练习（自行熟悉文章内容） 5. 为学生录制作品 6. 评价并指出问题	1. 聆听分析背景音乐的情绪 2. 熟悉朗诵文章，把握正确的中心思想 3. 朗诵实践录音，并总结交流	通过配乐朗诵的实践练习，学生能够体会语言与音乐的完美结合，进一步锻炼语言表达能力

环节	教师活动	学生活动	设计意图
总结	所选文章要符合学生年龄特点，彰显生动的语言表现力。对录音的准备和周边环境要有一定的宣讲	学生在课堂上通过练习和录音体会情绪和声音的不同效果	培养学生自我评价能力，认真对比聆听录音效果后自主解决问题
课后总结	学生能够进一步学到实用的语言表达技能，对音乐情绪、语言特点进行分析，从而有感情地进行语言表达，锻炼心理素质、培养语感		

配音配乐——片段配音

课题	配音配乐——片段配音	课时	1~2 课时
教学目标 知识与技能	1. 细心感知动画片段情绪 2. 分析角色的心理特点并有感情地配音		
过程与方法	1. 欣赏法分析动画作品 2. 讨论法确定配音方式 3. 实践法完成最终作品		
情感态度价值观	通过课程学习，学生能够结合无声动画与对白进行表演，细心感知情绪，分析角色的心理特点，综合提升动画配音能力		
教学方法	尝试练习为无声动画配音并表演		
重点	分组为动画片段配音		
难点	有情绪地为片段配音		
媒体使用	多媒体录音软件		
教学教具	播放器、录音设备		

环节	教师活动	学生活动	设计意图
导入	问答： 　欣赏动画片段，请说说主要角色的性格特点怎样	欣赏动画片段并回答问题	引导学生主动思考，激发学生学习兴趣，鼓励有创意的思考
新授	提出问题： 　1. 分析角色语言特征、分析语速、分析剧情与人物性格特征 　2. 分组并练习（发现有创意的学生重新分组） 　3. 选一组学生进行作品录制 　4. 评价并指出问题（组织生生互评与师生共评）	1. 思考并回答问题，确定配音方式 　2. 熟悉配音内容并自由按角色分组练习 　3. 学生参与录音 　4. 发现问题、解决问题，总结交流	通过为经典动画配音的实践练习，学生能够体会角色性格特征，结合剧情特点，锻炼语言表达能力

环节	教师活动	学生活动	设计意图
总结	选用的视频要符合学生年龄特点，最好找有背景音乐的片段	学生在课堂上通过练习录音，细心感知情绪，分析角色心理特点，有感情地录制作品	培养学生自主解决问题的能力
课后总结	学生能够学到实用的语言表达技能，对音乐情绪、剧情、人物特点进行分析，从而有感情地进行创意表达，锻炼心理素质、培养协作能力。由于时间短，建议每位学生多次反复练习		

配音配乐——为动画配音效

课题	配音配乐——为动画配音效	课时	1～2 课时

教学目标	知识与技能	1. 为已有的定格动画片完善音效 2. 选择准确的音效道具
	过程与方法	1. 欣赏法分析配音点 2. 讨论法分析音效制作方法 3. 实践法完整录制音效 4. 对比法找出优缺点
	情感态度价值观	通过课程学习，学生能够了解音效在动画片中的实际作用与效果，结合 MIDI 设备与各类物品发出的声音，进行创意利用，综合提升自主探究的能力
	教学方法	提供道具，自由选材，自主创意，精准表现
	重点	道具的选择与运用
	难点	与动画图像的高度吻合
	媒体使用	多媒体录音软件
	教学教具	播放器、录音设备、音效道具、MIDI 键盘

环节	教师活动	学生活动	设计意图
导入	问答： 　我们一起来看一部定格动画短片，谁能说说里面出现了哪些声音	欣赏无音效定格动画短片	引导学生主动思考，激发学生学习兴趣，鼓励有创意的想法
新授	提出问题： 　1. 分析确定配音点位 　2. 提供配音道具并明确使用方法 　3. 分组并练习（发现有创意的学生重新分组） 　4. 选出一组学生作品进行录制 　5. 评价并指出问题 　（组织生生互评与师生共评）	1. 思考并回答问题，确定配音点与道具的选择 　2. 熟悉配音内容并自由分组练习 　3. 根据学生的能力重新分组，准备录音 　4. 发现问题、解决问题，总结交流	通过充实已有的动画作品中的音效，学生能够体会成功的快乐，也能准确找到配音点，在已有的声音引领下，不断搜寻音效，增进对配音的兴趣

续表

环节	教师活动	学生活动	设计意图
总结	选用视频音效不宜烦琐，道具不要复杂，鼓励学生动脑观察，善于发现音效的特征，从而激发创造力	学生在课堂上通过老师提供的道具和自身研发的道具开展练习，细心感知音效的特点，分析更加精准的配音模式	培养学生自主观察、自主研发、自主评价、自主改进的学习能力
课后总结	通过动画作品中的音效，学生能够体会到成功的快乐，也能准确找到配音点；在已有的声音引领下，搜寻更多的音效，不断增进对配音的兴趣。教师引导学生准确使用道具，并追求真实的效果		

配音配乐——录音软件的运用

课题	配音配乐——录音软件的运用	课时	1 ~ 2 课时

教学目标	知识与技能	1. 了解录音软件与波形文件 2. 音乐剪辑与录音操作
	过程与方法	1. 讲演法介绍录音软件 2. 讨论法分析答疑 3. 实践法操作录音
	情感态度价值观	通过录音软件与音乐剪辑的操作学习，学生会大大提升对配音配乐的兴趣；各种音频会在他们的操作下变换各种不同的风格
	教学方法	软件讲解，实际操作，呈现作品
	重点	软件的认知与运用
	难点	音频的准确剪辑与录制
	媒体使用	多媒体录音软件
	教学教具	播放器、录音设备、MIDI 键盘

环节	教师活动	学生活动	设计意图
导入	创设意境： 今天请同学们当一次录音师，体验一下制作的过程，谁能说说录音的流程	讨论： 录音软件与设备开关 新建路径与工程文件 录制音频 后期制作	巩固学生配音配乐的学习成果，通过实践激发学习兴趣，鼓励有创意的构思
新授	1. 介绍录音软件的操作方法 2. 学生分组上机尝试操作剪辑音乐并提问 3. 学生分组上机尝试操作录制音频并提问 4. 选出一组学生作品进行展示并讨论 5. 评价并指出问题（组织生生互评与师生共评）	1. 聆听教师讲解与演示 2. 组长带领同学实践操作并找出问题 3. 欣赏并讨论同学作品 4. 发现问题、解决问题，总结交流	认识音频赋予动画片生命意义，孩子们通过作品收获成功的喜悦

环节	教师活动	学生活动	设计意图
总结	后期制作贵在反复操作练习，教师作为引导者和参与者，和学生一同思考，一同实践，为各种动画作品注入生命的活力	学生利用课堂与课后时间，通过老师教授的操作方法，反复进行实践操作	巩固学习成果，鼓励学生持之以恒
课后总结	录音软件的实践学习，会引发学生浓厚的学习兴趣。因为大部分学生都有操作电脑的经验，声音不但被他们一一记录下来，而且伴随后期编辑制作，会很有乐趣		

定格动画的总结与回顾[①]

课题	总结与回顾	课时	1 课时

教学目标	知识与技能	班级以小组为单位分享拍摄的定格动画，在交流中从"故事、创意、拍摄技巧"等方面对定格动画进行评价
	过程与方法	分小组回顾剧本创作、角色设计、道具制作、拍摄的过程，分享经验
	情感态度价值观	在交流中，锻炼学生的语言表达能力、交流能力，在总结中提升学生的成就感
	教学方法	观察法、讨论法、演示法、探究法
重点		定格动画制作过程的总结与回顾
难点		在制作过程回顾的过程中分享收获
教学教具		PPT、手机或平板电脑

环节	教师活动	学生活动	设计意图
回顾	教师带领学生回顾定格动画的拍摄过程，引导学生发掘每个小组定格动画作品的特点。从"故事、创意、拍摄"等维度引导学生进行讨论、评价	随教师 PPT 一起回顾拍摄过程 分组展示 PPT，阐述本组定格动画制作的过程，从剧本创作、角色设计、道具制作、拍摄、配音、后期制作等不同分工进行阐述 班级其他同学与小组进行互评	在分享中让学生感到收获的喜悦
总结	同学们通过小组合作完成定格动画的制作，制作过程的收获比成片更加重要。同学们在合作、分工、交流中不断学习，一起成长	学生分享感受	加深学生对定格动画的印象

---

① 本文作者：苑振兴。

课后总结	学生通过定格动画系列课程，完成了不同题材定格动画的拍摄与制作。让学生在课程中收获学习成果十分必要。在总结课上，一定要让学生明白一个道理：角色设计、场景制作、拍摄技巧、配音配乐、后期制作等最终都为"讲故事"服务，而不是为了"炫技"

第 **3** 篇

课 例

《我的动画大不同》教学设计[①]

一、教学目标

● 通过前期定格动画课程的学习，引导学生进一步学习定格动画的拍摄原理，尝试拍摄出自己的原创定格动画作品。

● 通过线上教学，让学生进一步学习定格动画的拍摄技巧和方法，鼓励学生自主探究学习，以自己的生活或时事热点为脚本创作，尝试拍摄有故事性、寓意性和时代性的定格动画作品，从而培养学生的综合素质。

● 通过欣赏学校的优秀定格动画短片及国内的经典定格动画片，让学生进一步了解和喜爱我国的优秀传统文化，并意识到传承手艺文化的重要性。

二、教学重点

运用已掌握的定格动画的拍摄原理，自主尝试制作可活动的玩偶设计和一部定格动画片。

三、教学难点

运用简单的动画运动规律、不同类型镜头拍摄、配音和配乐、后期合成等制作出原创定格动画作品。

---

① 本文作者：陈萌萌。

四、教学过程

（一）复习导入，回顾旧知

1. 引导学生回忆，在上一节定格动画课程上，老师是如何让一幅静态的绘画作品"动"起来的

（1）以 GIF 动图展示的形式启发学生回忆定格动画的拍摄原理。

（2）旧知总结：通过手机逐格地拍摄对象，运用画一画、剪一剪、摆一摆我们画中的景或物，最后在编辑软件里连续放映，让我们的画"动"起来。

2. 欣赏学生拍摄的定格动画短片

（1）纸艺动画短片《抗击病毒》。

（2）黏土动画短片《2020 鼠年》。

【设计意图】通过提问引发学生思考、回忆上一节课学习的定格动画的拍摄原理，并欣赏两部由学生尝试拍摄的定格动画短片，再次激发学生的学习兴趣。

（二）问题探究，教师解答

1. 初步拍摄，学生提出疑问

（1）拍摄完成后，在播放器里观看，画面播放得太快是怎么回事呢？

（2）拍摄软件中的"残影"是干什么用的？

（3）拍摄时，应该如何聚焦主体物？一部定格动画短片，大概要拍多少张照片合适呢？

2. 结合学生的疑问，教师通过视频进行示范并解答

3. 深入讲解定格动画的拍摄流程

定格动画的制作流程包括前期定剧本、画分镜、制作道具、布景拍摄，还有配音配乐及视频编辑等。

【设计意图】依据学生在拍摄过程中遇到的诸多问题和疑问，教师进行

示范讲解，为学生答疑解惑，并进一步讲解定格动画的拍摄流程，让学生充分认识到，定格动画不仅可以记录生活，还可以启发艺术想象力和创造力！

（三）社团学生，作品展示

1. 欣赏社团学生代表拍摄的定格动画短片《没有一个春天不会到来》
2. 聆听拍摄者的幕后故事，分享拍摄经验

【设计意图】通过聆听学生代表拍摄定格动画的创作故事，让低年级学生学习高年级学生的自主探究精神！

（四）艺术拓展，知识小结

鼓励学生在疫情居家学习期间，认真思考、独立钻研定格动画的拍摄原理，学以致用，不断尝试拍摄更多表现生活片段的定格动画。

【设计意图】总结本节课知识点，进一步完善学生的学习体系。

《分镜头创作》教学设计[①]

一、教学目标

• 初步了解什么是分镜头，知道分镜头创作对于拍摄定格动画的重要作用。

• 引导学生集体探究、团队协作。培养学生的想象力、创造力等综合能力。

• 了解分镜头创作，让学生进一步了解定格动画。

二、教学重点

知道分镜头对拍摄定格动画的重要作用。

三、教学难点

知道用分镜头的方式画出剧本里的关键帧。

四、教学过程

（一）导入

1. 出示连环画和分镜头画稿，学生进行观察并总结不同之处

连环画：前后画面不需要连接，画面对拍摄镜头、声音效果等没有

---

① 本文作者：鲁志梅。

要求。

分镜头画稿：前后画面需要连接，画面对拍摄镜头和声音效果等有要求。

小结：什么是分镜头呢？

分镜头简单说就是可视化的剧本，它可以用绘画的方式表达，也可以用文字描写的方式表达。不论用哪一种方式，分镜头都需要描绘出剧本里的关键帧，给后面的拍摄提供直接的参考依据。

2. 展示绘画分镜头，了解分镜头的特点

学生观察并小组讨论。

小结：分镜头创作包含以下四点基本内容。

（1）镜号：拍摄时画面前后排序，便于拍摄、记录。

（2）画面：画出剧本里的关键帧。

（3）内容：对关键帧进行效果描述，便于后面的拍摄。语言要求精练、简短。

（4）音效：声音效果。

【设计意图】让学生通过观察对比发现分镜头的特点，对分镜头有初步的了解，为后面的创作做好铺垫。

（二）探究新知

1. 向大师学习

（1）欣赏《葫芦兄弟》手绘分镜头画稿。

教师解读画稿内容，学生观察、倾听。

（2）播放剪纸定格动画《葫芦兄弟》。

2. 进一步熟悉、了解

（1）欣赏、分析史家实验学校定格动画工作室学生创作的定格动画《工具箱的故事》分镜头画稿。

（2）播放定格动画《工具箱的故事》。

3. 小组分享观赏心得

4. 教师示范讲解

（1）播放讲解视频。

（2）出示分镜头画稿，对比观察，强调要点。

①"画面"部分的要求。

②"内容"部分的要求。

【设计意图】通过对比观察，让学生直观地感受到动画片和分镜头之间的关联。了解分镜头创作的要点，突破教学重点与难点。

（三）艺术实践，知识拓展

1. 学生实践

（1）每组分配一段剧情。

（2）小组讨论。

（3）各组代表分享各组的构思。

（4）师生点评。

（5）学生创作。

（6）展示作品，师生互评。

2. 知识拓展

分镜头创作除了用绘画的方式来创作，还可用文字的方式来创作，即分镜头脚本。在分镜头脚本里，包含画面时间、景别、镜头运动等多项内容。这些详细的内容有利于后面的拍摄。拍摄定格动画既有预先的设计，也常常有拍摄时突然出现的偶然变动性，再完美的分镜头在实际拍摄中都可能被适当的改动。拍摄一部定格动画片需要参与者充满创意、耐心、细心和热情。

【设计意图】丰富学生对定格动画相关知识的认知，进一步了解分镜头创作的相关知识。

《玩偶制作》教学设计^①

一、教学目标

- 了解有趣的玩偶造型，使人物角色活起来，给整部动画片添彩。
- 通过欣赏视频、图片，学习制作会动的、符合剧本要求的玩偶。
- 居家学习，引导学生观察和制作有趣的玩偶造型，提高动手能力。

二、教学重点

学习玩偶制作的技法，引导学生利用现有的材料，制作会动的玩偶。

三、教学难点

巧妙利用身边的材料，制作出形态各异的玩偶造型。

四、教学过程

（一）动画欣赏，激发兴趣

导语：观察图片中的表情，如果将其赋予动画角色，会产生怎样的效果呢?

激发兴趣：播放一段定格动画片《工具箱的故事》。

导入新课：引导学生观察玩偶的表情变化，思考运用了美术课的哪些

---

① 本文作者：韩春明。

艺术表现手法，让人物角色变得生动有趣？

【设计意图】通过观看动画片《工具箱的故事》，使学生对玩偶造型的制作方法、表情设计等产生浓厚兴趣。

（二）分析玩偶造型，学习让"角色"更加生动的制作技法

1. 观看视频，了解玩偶造型在动画片中的重要作用

引导观察：发现动画片中玩偶夸张、拟人化的常用表现手法，让人物角色变得生动有趣起来。

小结：有趣、夸张的玩偶设计，不仅使动画片情节跌宕起伏，使人物角色活起来，更是给整部动画片增添更多的色彩。

2. 观看视频，学习制作玩偶的过程和方法

（1）通过 PPT 展示《蒙童雅正》中制作玩偶的工具、材料和玩偶成品，介绍玩偶骨架制作的过程，加深对玩偶制作的了解。

（2）实践操作，发现问题。

①出示玩偶的成品图片，了解制作玩偶的材料和材料的可塑性。

②出示不同材料的玩偶成品图片，了解制作玩偶材料的广泛性，感受不同风格、不同材质表现出的不同效果。

小结：玩偶制作使用材料的丰富性，正是玩偶制作的特点之一。

【设计意图】了解人物角色正是因为使用了骨架、拍摄时运用了替换等表现手法，以及制作材料的丰富性，玩偶的表情、动作才变得更加丰富、有趣。

（三）创作实践，加深理解

同学们，我们用今天学到的知识来做会动的小玩偶吧！

【设计意图】通过制作，加深理解，获得成功的快乐。

（四）知识拓展，发现创新

1. 出示动画片《蒙童雅正》中制作玩偶的材料、工具、玩偶成品的图片

2. 播放定格动画片《蒙童雅正》

【设计意图】挖掘玩偶制作的更多创新方法，在创作中不断学习。

《"纸"爱春天》教学设计①

一、教学目标

● 初探定格动画的拍摄方法，了解定格动画环环相扣的五个环节。

● 寻找与春天有关的诗词，了解诗词的含义，确定角色和场景，学习拍摄定格动画的方法。

● 通过拍摄，不断体会"发现→寻找方法→验证方法"的过程，提高拍摄技巧。

二、教学重点

学习拍摄定格动画的方法。

三、教学难点

在拍摄过程中，理解动画原理并进行后期制作。

四、教学过程

（一）活动萌发

1. 对定格动画进行全面的介绍

定格动画是动画的一种，手工制作决定了定格动画具有自然、立体、

---

① 本文作者：梁琪。

色彩丰富的艺术特色。

2. 对拍摄场景和人员分工进行介绍

明确玩偶和场景的制作要求。

【设计意图】对定格动画的定义、特色、艺术特点等进行全面介绍。通过观看《开笔破蒙》的拍摄花絮，了解定格动画的人员分工、职责、拍摄的过程和难度等。

（二）方案构思与准备

1. 定格动画的制作步骤

主要包括脚本创意、角色设定和玩偶制作、道具场景的制作、逐帧拍摄、后期配音合成。

2. 以诗句为例体会动画角色和场景

以"春风得意马蹄疾，一日看尽长安花"为例，动画的角色是马和花，场景是长安城，通过搜索诗句的内涵可以得知，这句诗体现的是诗人愉快的心情，用太阳、花朵的变化体现欢乐的心情。

【设计意图】通过视频讲解，知道制作定格动画的步骤。教师以诗词为例，指导学生选定诗词，确定拍摄角色，制作场景和道具。

（三）主题设计与实施

1. 明确概念

（1）角色的运动规律：优秀动画作品的特征之一就是动作细节刻画得真实、生动。

以"春风得意马蹄疾"为例，我们要确定"马"的运动规律，可以上网搜索，模仿马的运动轨迹。还要依据场景对动作进行深度改造，如表现欢快的心情则动作快，悲伤的心情则动作慢等。

可以采用以下方法调整物体运动的速度：运动物体的间距大，动作速度就快；间距小，动作慢。

（2）动画拍摄原理：动画片中物体运动是利用视觉暂留原理，以每秒钟24帧的速度连续放映，给人物体活动的感觉。

以"春风得意马蹄疾，一日看尽长安花"为例，我们只需要分别拍摄太阳睁眼和笑眯眯各一张照片，连续起来不断重复，就变成了太阳欢快的动画。而太阳眨眼的速度，就取决于睁眼和闭眼照片出现的频率。

【设计意图】学生通过观看视频教程，了解拍摄软件，懂得场景的设置需要合适的灯光；了解软件中的重要功能。

2. 作品展示与交流

将自己拍摄的动画片进行分享，与同学和老师讨论，进行反思，更新拍摄技能、提升技巧，有兴趣的话可以重新进行拍摄。

【设计意图】与别人分享的过程，就是自我反思的过程。在分享时，取长补短，不断完善自己的作品。

《材"剧"志大　返"本"还源》教学设计①

一、教学目标

● 初步认识剧本创作的三要素。

● 通过欣赏作品、分析剧本，激发学生创作剧本的兴趣，自主探究和尝试编写剧本，激发其想象力和创造力。

● 引导学生注意观察和记录生活中的美好事物，培养严谨认真的态度以及百折不挠的品质。

二、教学重点

剧本创作的三要素，即矛盾冲突、语言设计和舞台说明。

三、教学难点

了解故事和剧本的区别。

四、教学过程

（一）动画欣赏

视频：定格动画《生日》

师：这是我们学校六年级的同学们自己创作的定格动画作品，你一定

---

① 本文作者：梁潇。

好奇它是如何被创作出来的。不妨跟我来一探究竟。

出示课题：材"剧"志大

【设计意图】观看原创动画，激发学生对动画剧本创作的欲望，为开展教学做好铺垫。

（二）剧本分析

1. 剧本要素

（1）视频：创作者讲述创作历程

剧本雏形：点子 + 创意 = 完整故事。

（2）分析：《生日》剧本三要素

①矛盾冲突

师：发生→发展→高潮（重头戏）→结尾。

师：你能总结一下这个故事要表达的中心是什么吗？

小结：《生日》的矛盾冲突就是同学们要给我过生日，但这是个惊喜，不能让我提前知道。所有的场景、人物、语言都是为这个中心设计、服务的。

②语言设计

师：台词，就是剧中人物所说的话。

请同学们试读一下《生日》剧本中的台词。

师：这样的台词给你什么感受？

小结：剧本主要是通过台词推动情节发展，表现人物性格、身份和思想感情，要通俗、简明、口语化。

③舞台说明

师：舞台说明包括剧中人物表，剧情发生的时间、地点、服装、道具、布景以及人物的表情、动作、上下场等。请看《生日》剧本中的舞台说明，说一说它的作用。

2. 剧本格式

师：剧本的内容要遵循规范的格式，它的环境、角色、台词等都有固定的位置。

学习资料 1：剧本格式范本

【设计意图】通过细致分析《生日》剧本，学生更加直观地学习到如何将小故事的矛盾冲突、语言设计和舞台说明写完整。教师递进式讲解剧本的三要素，让学生更容易接受和掌握，知道小故事与剧本的区别所在，突破教学重点与难点。按规定格式书写，更符合创作剧本的要求，帮助学生写出更加规范的剧本。

（三）经典赏析

师：在拍摄动画片的时候，我们要最大限度地尊重剧本，做到返"本"还源，让最终的作品附有灵魂。

课题：返"本"还源

视频片段《哪吒闹海》

学习资料 2：《哪吒闹海》剧本

小结：《哪吒闹海》的剧本具有很高的文学水平，人物生动，细节表现得淋漓尽致，段落明晰一目了然，情节因果合理，时空结构严谨。此外，剧本可读性强。

【设计意图】通过阅读优秀剧本，让学生了解自己如何将剧本的矛盾冲突、人物语言和舞台说明写得更加完善，为创编剧本打下良好基础。

（四）小试身手

尝试把一篇 100 字左右的小故事改写成小剧本。

《我的画会动》教学设计①

一、教学目标

• 通过初步了解定格动画，引导学生用画、剪、摆、拍等方式尝试拍摄一部短小的定格动画。

• 引导学生自主探究，激发学生的学习兴趣，培养学生的想象力、创造力等综合能力。

• 欣赏定格动画，让学生进一步了解我国优秀的定格动画影片和民族传统手工艺。

二、教学重点

初步了解定格动画片，知道定格动画片的种类。尝试拍摄一部短小的定格动画。

三、教学难点

用剪、摆、拍相互配合的方式制作定格动画。

---

① 本文作者：鲁志梅。

四、教学过程

（一）激趣导入

导入：疫情期间许多同学在家画了抗疫题材的作品。每幅作品都包含着创作者的想法。

激趣：出示一幅绘画作品，教师告诉大家，有一种神奇的"魔法"可以让这幅画"动起来"！

播放定格动画《战胜病毒！武汉加油！》

【设计意图】让学生从熟悉的内容入手学习新的知识，直观的教学手段能很好地激发学生的学习兴趣，激发学生的好奇心，为后面的教学做好铺垫。

（二）初识新知

1. 初识定格动画

播放关联帧和 GIF 图，让学生直观地了解定格动画的原理。

2. 简单了解中国的定格动画历史

播放中国早期的定格动画片段，初识"剪纸定格动画"。

【设计意图】让学生初步知道什么是定格动画，了解中国定格动画的辉煌历史。知道有着上千年历史的剪纸工艺也能拍出动画片，激发学生的民族自豪感。

（三）探究新知

1. 了解定格动画制作的基本步骤

（1）播放剪纸定格动画短片《爱护植物》。了解拍摄定格动画需要以下几个制作步骤：创编剧本→绘制分镜头→玩偶与道具制作→拍摄→后期制作。

（2）引导学生将画里的故事作为"剧本"，画里的人物作为"小演员"

来拍摄定格动画。

2. 教师示范讲解

（1）播放讲解视频。

（2）小结：绘画作品通过画、剪、摆、拍，最后加上音效就能变成生动有趣的定格动画。

3. 拍摄软件的介绍和注意事项

（1）学生可以自行选择拍摄定格动画的 APP。

（2）强调拍摄工具固定的必要性。如果拍摄工具不固定，拍出来的画面将会晃来晃去。

【设计意图】通过视频讲解，学生直观地了解定格动画拍摄所需要的基本工具和基本步骤，突破教学重点与难点。

（四）知识拓展，艺术实践

1. 了解定格动画种类

（1）用木偶制作的定格动画，也叫木偶片，如《阿凡提的故事》《神笔马良》等。

（2）用折纸制作的折纸定格动画，也叫折纸片，如《聪明的鸭子》《小鸭呷呷》等。还有用黏土制作的黏土定格动画。

2. 特点

定格动画里的人偶和道具都是手工制作的，每一件都是精美的手工艺品。这也是定格动画有别于其他形式的动画片的魅力之处。

3. 学生实践

【设计意图】丰富学生对定格动画相关知识的认知，了解其材料的丰富性和特点，根据自己的兴趣体验定格动画的拍摄乐趣。

《小道具　大学问》教学设计[①]

一、教学目标

• 了解道具是一种个性化的视觉标志，制作精良的道具使动画片形象丰富立体、更具感染力。

• 通过欣赏优秀作品和学习道具制作的技法，学会制作出符合剧本要求的道具。

• 引导学生注意观察身边的有趣造型并制作道具，提升道具制作能力。

二、教学重点

学习道具制作的技法，引导学生利用身边的材料制作道具。

三、教学难点

巧妙利用身边的材料制作出符合剧本要求的道具。

四、教学过程

（一）动画欣赏，激发兴趣

导语：这是一节不一样的制作课，希望它能让你拍摄的动画片更加精彩。

_____

[①] 本文作者：徐雪颖。

激发兴趣：播放原创动画片《黑孩子》。

导入新课：引导学生发现道具在动画片中的氛围、角色、情节都有着相互的关联和影响。

【设计意图】通过观看动画片《黑孩子》，引发学生对道具的整体风格、制作材料、制作方法等产生浓厚兴趣。

（二）分析道具，学习技法

1. 观看视频，了解道具的作用

引导观察：你发现动画片中的道具对整部动画片的故事背景、人物特点以及整个动画效果起到了怎样的作用吗？

小结：成功的道具设计，不仅是一部动画作品中简单的视觉陪衬，更是在很多时候超越了角色本身而成为一种个性化的视觉标志。

2. 创设情境，突破难点，完善道具制作的过程和方法

（1）通过 PPT 展示《黑孩子》的道具制作清单、设计图和道具成品，介绍道具制作过程，加深了解。

（2）实践操作，发现问题。

①出示道具的成品图片。请同学们看一看，这些道具在整体风格、比例、材质匹配等方面有没有不合适的地方？

②教师预设学生可能会挑出的问题，例如：比例不合适、材质不匹配、与图纸不符等。

③小结：道具的制作必须是按照前期剧本设计完成的，在制作时不能随意改动，否则就会出现整部动画片风格不统一的问题。

【设计意图】与角色和谐的道具能够辅助观众理解角色，加深印象，更好地为作品服务。

（三）创作实践，加深理解

同学们，用今天学到的知识做一做你剧本中的小道具吧。

【设计意图】通过制作，加深理解，巩固收获。

（四）知识拓展，发现创新

今天我们选用木质材料和黏土完成了道具制作，当然其他的材料和方法也可以制作道具。

教师演示：播放针法视频（平针、锁针、回针等），展示用这些针法完成的道具作品。

不一样的材料制作出的道具表现风格也各不相同，关键在于巧妙利用，恰到好处就会使动画片更加精彩。

【设计意图】发现道具制作的更多创新方法，在创作中不断学习。